長州ファイブ
サムライたちの倫敦《ロンドン》

Sakurai Toshiaki

a pilot of wisdom

目次

図版作成／MOTHER

プロローグ　英国大使が爆笑した試写会での、ある発言

長州ファイブとは?

「長州ファイブ」という言葉をご存じだろうか。もともとは英語でChoshu Fiveといい、そのまま日本語に当てているわけだが、「長州五傑」と表記される場合もある。長州とは、もちろん周防《すおう》、長門《ながと》の二国、合わせて三六万余石の外様大名毛利家を藩主としたあの長州藩、現在の山口県のことであり、ファイブはその長州藩の五人のサムライをいう。

ではこの五人は誰かというと、井上馨《いのうえかおる》、伊藤博文《いとうひろぶみ》（俊輔《しゅんすけ》）、山尾庸三《やまおようぞう》、遠藤謹助《えんどうきんすけ》、井上勝《いのうえまさる》のことである。このうち、明治の元勲といわれる井上馨や伊藤博文を知らない人はまずいないだろう。しかし、ほかの三人のうち、一人でも知っている人はよほどの歴史通、もしくは明治通ではないか。

どっこい、この山尾庸三、遠藤謹助、井上勝の三人は、知名度こそ井上馨や伊藤博文に劣るものの、二人に負けず劣らず、明治日本において、大変なことを成し遂げた驚くべき人たちな

のである。

時は幕末、文久三年（一八六三年）五月一二日。彼ら若き五人は、藩の命令で当時は幕府によって固く禁じられていた海外渡航を決行する。密航である。まず小さな船で横浜から上海《シャンハイ》へと渡り、そこから別の船に乗り換えてロンドンに向かった。

本当は、上海から乗客としてそれなりに船旅を楽しむはずだった。その分の金は今回の渡航を請け負ってくれたイギリスの貿易会社の横浜支店にちゃんと払ってある。が、そこはまだ幕末、彼らの極端に貧弱な英語力のゆえ、上海からロンドン行の船に乗り込む際に、当の貿易会社の上海支店長との間でコミュニケーション上の齟齬《そご》が生じた。

結果、彼らは客ではなく船員としてこき使われることとなる。慣れない作業と、ひどい船酔いと、粗末な食事に苦しめられ、時には絶え間ない下痢にさいなまれ、おまけに寄港料をケチる船会社のせいで上海から一度も港に立ち寄らないまま、五人はふらふらぼろぼろになりながら、ロンドンに着いた。

新生日本のリーダーとなった五人

そのイギリスの首都で、五人は後年夏目漱石《そうせき》やガンジー、近くは小泉純一郎元総理が学んだことでも知られる、そして誠に僭越《せんえつ》ながら筆者の母校でもあるロンドンの進歩的な大学、ユニバシティ・カレッジ・ロンドン、通称UCL《ユーシーエル》（University College London）に入学する。そこで彼らは目を輝かせながら、UCLの好意的な雰囲気に大いに助けられ、学究の徒となり近代文明を貪欲に吸収していく。

五人がイギリスを去る時期はそれぞれだったが、勉学を積み、どの日本人よりも早く近代への意識革命を成し遂げた彼らは、帰国後、全員が各自の分野で新生日本のリーダーとなっていく。

井上馨は外務卿《がいむきょう》（大臣に相当）としてあの鹿鳴館《ろくめいかん》時代を築き、さらには外務大臣として不平等条約の改正に終始向き合っていく。伊藤博文は日本初の内閣総理大臣となり、生涯で都合四回、伊藤内閣を組み、文字通り明治日本のトップとなった。

他方、山尾庸三は工部省のトップとして日本の工業、造船界を牽引《けんいん》し、また盲唖《もうあ》学校の開設に尽力し、障がい者教育にも生涯をささげた。遠藤謹助は造幣局長として、お雇い外国人から「日本人なんぞに貨幣鋳造ができるものか」とばかり見下された悔しさをバネに、人材を育てながら見事日本人だけの手でそれを成し遂げた。今も春に多数の人々が花見に訪れる大阪造幣局の「桜の通り抜け」を考案したのも遠藤である。

そして、本物語で最もスポットライトを当てていくことになる井上勝は、これぞ文明開化のシンボルというべき東京―横浜間の鉄道開設を皮切りに、鉄道庁長官として日本全国に鉄道網を広げることに邁進《まいしん》した。

勝は晩年、病を押し、密《ひそ》かに遺書をしたためて、日本のさらなる鉄道発展のため、ヨーロッパへ鉄道視察に向かう。その旅先のロンドンで、彼は客死する。留学時代に世話になったUCLの恩師夫人に看取《みと》られて。自分の歩む道を決めた青春の地で、最期を迎えたかったのかもしれない。そんな勝は後年、「鉄道の父」と称《たた》えられることになる。

「大攘夷《だいじょうい》」を行うために

二人が新生日本を率いる政治家となり、三人が近代日本を建設した技術官僚（テクノクラート）となった密航藩士「長州ファイブ」。彼らがイギリスへの長く荒い航海、ロンドンでの勉学の日々、そして帰国後にそれぞれが拓《ひら》いていった道から誰一人として脱落することがなかったのは驚くべきことであり、奇跡ですらある。もちろんそれはこの五人が極めて優秀だったからだ。ただ、注目すべきはその優秀さの中身である。

彼らは、どんな資質を持っていたのだろうか。まず、彼らが密航した幕末の時代を見てみる。

文久三年頃は、外国船は追い払え、外国人は日本に来るなとする攘夷思想、さらには尊王攘夷思想が勢いを増していた。そんな中にあって五人を「夷狄《いてき》の本陣」であるイギリスに、勉学のために送り出した長州藩の行動は、攘夷どころか、その真逆の開明・開国的なものにすら見える。

じつはそうではない。五人が上海に向けて横浜を出港する一日前から、当の長州藩は下関砲台から沖を通るアメリカ、フランス、オランダの艦船に大砲をぶっ放している。日本史にいう「攘夷の決行」である。ただ、密航のため幕府の役人に見つからないように出港当日の夜から横浜港で船底にじっと潜んでいた五人は、自藩のこの行為を知る由もなかったが。

要するに長州藩が五人をイギリスに送ったのは、攘夷という考え方のオプションの一つである「大攘夷」を実行するためだった。大攘夷とは、攘夷を実行するための戦略的な考え方である。

――攘夷で一時的に武威を示せたとしても、結局それはわが方に不利益になるだけである。時勢を見るに外国と交わるのはもはや必至である。ならばその日に備えて西洋の事情を知っておかねばならない。そのために藩の人間を外国に派遣して西洋の文化と技術を吸収させ、帰国したその者たちの知識をもってわが方を強化した後にこそ、完全な攘夷が実行できる――

これが大攘夷である。開国や外国との交流は否定しない。その上で、外国を追い払うという。まあ、今から考えればなんとも幼稚で身勝手な発想である。ちなみに、従来の異国人は何でもかんでも追い払え、やっつけろという典型的なイメージの攘夷を「小攘夷」ともいう。

へえー、攘夷にもいろいろあってさすがカオスの幕末だなあと、今でこそ面白がって、半分呆《あき》れて眺めてはいられるものの、この大攘夷に基づいて長州藩は大まじめで自藩の五人を幕府に内緒でイギリスに派遣してしまったのだから、当時としてはじつに大胆かつ大変なことをしでかしたわけだ。

しかるにその結果、日本に帰ってきた彼らが全員、当初の目的、長州藩が期待した大攘夷の実行どころか、遥《はる》かにスケールの大きい近代日本建設のための大仕事を成し遂げてしまうのだから、現実の歴史の進み方とはなんとダイナミックなことか。

英国大使館での試写会

とにかく、こんな幕末の状況だったから、イギリスにいろいろな技術や学問を学びに行くために選ばれた彼ら五人の中にも、過激な攘夷活動にすでに手を染めている者もいた。じつはそれを知ることができる面白いエピソードがある。二〇〇六年六月一九日、東京半蔵門の駐日英国大使館で映画『長州ファイブ』の試写会が行われた時のことだ。

少し説明すると、『長州ファイブ』は山口県の萩《はぎ》市や下関市の企業や市民、団体が協力し製作された五人のイギリス行を描いた作品である。監督は五十嵐匠《しょう》、井上馨役に北村有起哉《ゆきや》、山尾庸三役に松田龍平、また佐久間象山《しょうざん》役に泉谷しげる、高杉晋作役に寺島進を配するなど、なかなかの俳優陣であり、冒頭の衝撃的な生麦事件のシーンやロンドンで五人が初めて汽車に乗り、驚愕《きょうがく》のため声が出ない場面など、見応えもそこそこあり個人的には気に入っていた。

ただし、旧長州藩の山口県の人々が力を入れたローカルなPR映画のような印象は拭えず、また日本を何とかしたいとの思いが募る長州ファイブのメンバーが、その鬱積したエネルギーのはけ口としてやたらに安女郎屋に通うという、映画表現としては陳腐な描写も前半に目立った。結果的には松田龍平が出ていたにしては、また泉谷しげるの怪演の割には、残念だけれどあまり話題にならなかった。

もっとも海外での評判はよく、二〇〇七年の第四〇回ワールドフェスト・ヒューストン国際映画祭ではグランプリを獲得している。外国人にはやれ長州藩だ山口県だという日本の歴史や事情はわからないから、純粋に映画を評価できるのだろう。安女郎屋の場面も、あれはあれで日本的だとして案外受けたのかもしれない。もちろんＤＶＤは出ているので、ネットで手に入れて楽しんでみるのもいい。

ご子孫たちの「お詫《わ》び」

話を戻すと、この『長州ファイブ』の一般公開に先立つ試写会が英国大使館の大使公邸で開かれたのであり、当日は会場に長州ファイブのご子孫の方々も数名招待されていた。筆者もＵＣＬ同窓生の一人としてその場にいたのだが、映画上映に先立ってスクリーンの前に横一列に並んで立たれていたご子孫たちの紹介があった。その折のことである。その中のある一人の若い男性が、ちょっといい出しにくそうにこう口を開いた。

「そのう、あの時は申し訳ありませんでした。私たちの先祖が英国公使館を燃やしてしまいまして……」

とたん、時のグレアム・フライ駐日英国大使や居並ぶ大使館の面々が大爆笑。会場が一気に和やかな雰囲気に包まれた。

そう、江戸品川に完成間近の英国公使館が高杉晋作、久坂玄瑞《くさかげんずい》らが率いる一二名の攘夷派長州藩士によって焼き討ちされ、黒焦げになってしまったのは、試写会の日から一四三年前の文久二年一二月一二日（一八六三年一月三一日）夜半のことだ。この焼き討ちをかけた一二名の中に、長州ファイブのうちの三人、すなわち井上馨、伊藤博文、山尾庸三がいた。それでご子孫たちの「お詫び」発言となったわけだ。もちろんもうとっくに時効であり笑い話だが、五人の中に過激な攘夷主義者がいたことがこれでよくわかる。

上海でのショック

しかし彼らがすごかったのは、そんな行動の原点だった攘夷を、簡単に捨て去ってしまったことである。

横浜から密かに出港した五人が、ロンドンの遥か手前の上海で目の当たりにしたのは、欧米列強の圧倒的なプレゼンスだった。この頃の上海はアヘン戦争後に結ばれた南京《ナンキン》条約によってイギリスに開港され同国の租界、つまり治外法権の居留地が設けられていた。

またイギリスに倣ってアメリカやフランスも次々と租界を設置し、欧米列強の東アジアにおける一大拠点として上海は変貌しつつあった。街には欧米の商社、金融会社、新聞社などの建物が並び、港は一〇〇隻を優に超える欧米の艦船で埋め尽くされていた。これを見て五人は即座に、いやはや攘夷なんぞとうてい無理と、悟ってしまう。

「従来の迷夢は頓《とみ》に覚醒した」*1

『世外井上公伝』（第一巻。ルビは筆者）には、井上馨がこういったと書かれている。しかし、よくいう、である。ここ上海に来るほんの五カ月前、英国公使館を丸焼きにしたのは誰だ。こんな簡単に攘夷を放棄してしまっていいのか、こら、こら！と突っ込みを入れたくなる。

でもまあ、考えてみればこの変わりようは、よくわかる。実際、この頃攘夷を叫んでいた者のうち、何人が欧米人や外国船を見たことがあっただろう。見たとしても、せいぜい数人程度の欧米人か、一、二隻程度の外国船で、上海のような欧米のプレゼンスが圧倒的な状況は、当時の日本人には毫《ごう》も想像できなかったろう。

現在だって、筆者など電車の中で外国人が向かいに座っていたら、何か妙にそわそわして、ついチラチラと視線を送ったりする。留学でイギリスに住んでいたことがあるのに、ヘンだなあとは感じるが。

　ましてや幕末である。ほとんどのサムライが、外国人や外国船を見たことがないまま、つまり敵を見たこともなければ、その真の力さえ知らないまま、攘夷を叫んでいる。できるものだと信じ込んで。いかに攘夷が現実からまったく遊離した観念的なスローガンだったか。

　だから長州ファイブは青くなった。せいぜいが数隻程度の外国船しか見たことがなかった彼らにとって、上海の港を埋め尽くす信じられない数の軍艦と、そこに搭載された大砲の厖大《ぼうだい》な数を目の前にして、しかもこれらはまだ欧米勢力の一部でしかないという事実を察するに及んで、自分たちが抱いていた考えの無謀さ、底の浅さに愕然《がくぜん》とした。そして、「豹変《ひょうへん》」した。欧米に敵《かな》うはずがない。彼らに学ぶぞ、と。

　先に五人が帰国後、各自が拓いていった道から誰一人として脱落することがなかったのは驚くべきことであり、奇跡ですらあると書いた。また、それは五人がイギリス留学に選ばれただけあってもともと優秀な人材揃《ぞろ》いだったことにあるが、注目すべきはその優秀さの中身だ、ともいった。その優秀さの中身こそ、現実を見て攘夷と決別することができた彼らのこの豹変ぶりなのである。

　つまり五人は、「素直さ」と「柔軟性」という、何でも学ばなければならない日本の夜明けを担う留学生として、最高の資質を備えていたということだ。考えてみれば、日本にとってこんな幸運はなかった。

もっとも井上勝と遠藤謹助は、攘夷活動には浸《つ》かっていなかったので、ここ上海で目撃したことは、この二人にとってはイギリスで学ぶ情熱をさらに高めたことだろう。また伊藤博文に関しては、この上海ではそんなにあっさりとは攘夷を捨てられなかったようだ。ただ、ロンドンでは、彼らは全員素直な留学生となっていたことは確かである。

すべての学生を受け入れた大学

もう一つ。じつはこれが最大の要因かもしれない。彼ら五人が帰国後、明治日本を牽引するリーダーになれたのは、UCLという革新的な大学がイギリスにあったからである。

UCLは長州の五人組がロンドンに来る三七年前の一八二六年に創立された、イギリスで三番目に古い大学だ。このUCLができるまでは、イギリスにはオックスフォードとケンブリッジの二つの大学しかなく、しかも両校に進学できるのはアングリカン（anglican）、すなわち英国国教徒のみだった。カソリックやプロテスタントのルーテル派といったほかの教派、むろんキリスト教以外の信者は大学に入りたくとも、たとえ資産があっても駄目だった。つまり、学問には「差別」があった。

そうした中、非アングリカンにも、海外の人間にも広く門戸を開いたのがアンチ・オックスブリッジを旗印に掲げた自由、反骨、無宗教の大学、UCLだった。そんなUCLにとって開校以来最も早期に海外から迎え入れた学生が、日本からの長州ファイブだった。だからChoshu Fiveという言葉は、UCLで誕生したのである。

この日本からの留学生を受け入れたことを、UCLは爾来《じらい》ずっと誇りに思っていて、二〇一三年七月三日には、「長州ファイブ来英一五〇周年」(150th anniversary of the arrival of the 'Choshu Five' in the UK)を記念した式典が同大学で盛大に開かれている。この時は日本在住の同窓生も、本部との連絡やらイベントの企画やら何やらでそこそこバタバタした。

もし、UCLがなかったら、どうだったか。既述の如《ごと》くこの時代、オックスフォードとケンブリッジの両大学にはアングリカンしか入れず、したがって井上馨、伊藤博文、山尾庸三、遠藤謹助、井上勝の五人は、西洋先端文明に直接触れ、その知識・技術を習得し、封建日本から近代主義へと自らの意識革命を行うことができる場を持ちたくとも持ちようがなかったことになる。

いや、そもそもUCLという大学があったことが、五人をイギリスに勉学のために送る話の前提になったとも推察できる。もしＵＣＬがなかったら、渡航計画自体が存在していたかどうか。まさに日本の夜明けという絶妙のタイミングに、絶妙の大学がイギリスにあった。そういう意味で、近代日本と学問の自由・門戸開放を掲げたイギリスの反骨の大学ＵＣＬは、限りなく深い絆《きずな》で結ばれている。そして、それは今もずっと続いているのである。

と、前置きが長くなった。この物語で彼ら長州ファイブの歩んだ道を、とりあえず筆者の好きな井上勝をメインに、でもほかの四人もしっかり追い、併せてＵＣＬのことも追々紹介していきたいと考えている。

もとより、途中で面白いエピソードや人物が出てきたら、勝手にどんどん寄り道してしまうつもりである。ゆえにどうまとまっていくかは、さあ、さっぱりわからない。ともかく読んでいて飽きないものにはする気でいるので、どうかお付き合いを。

＊1　本稿では、史料等の引用文中の旧仮名、旧漢字は、それぞれ現代仮名、新字へと直している。

第一章　洋学を求め、南へ北へ

戻ってきた井上勝《まさる》

やっと戻ってきた勝に会いに行ってきた。といっても机の角に思い切り頭をぶつけたはずみで明治元年（一八六八年）一一月一九日にタイムスリップして、留学先のロンドンから横浜港に戻ってきた井上勝を出迎えに行ったのではない。そうだったら本当に楽しいが。

二〇一七年の暮れに大がかりなリニューアルが終わり、新しくなった東京駅の丸の内駅前広場に、工事前に撤去され保管されていた井上勝の銅像が再び設置された。で、筆者は年明けの、あたりには正月気分がまだ残っている頃に、銅像に会いに行ってきたのである。

東京駅丸の内北口を出て真っすぐ、つまり北西方向に一、二分ほど歩いた駅前広場の隅、新丸ビルと三菱ＵＦＪ信託銀行本店ビルを背景に、勝は立っている。高い台座、首をそらして見上げる先にモーニングコート姿の、正装の勝がすっくといる。

「正二位勲一等子爵井上勝君像」

台座の青銅プレートにこうある。真冬、それも午後三時過ぎで、バックの高層ビル群にあたりの光を奪われかなり薄暗かったが、午前中ならもっとはっきりと表情が見て取れるだろう。それでも、見上げる正二位勲一等子爵は、いい男だった。まったく無駄肉がなく、昼食時この界隈《かいわい》をうろつく中年会社員のように腹も出ておらず、じつにスタイルがいい。実際の写真を見ても彼は太っていないので、この像は本当の姿をよく映している。

これを造ったのは「東洋のロダン」と称された彫刻家の朝倉文夫（一八八三―一九六四）である。勝が六八歳で没した明治四三年（一九一〇年）には、朝倉は二七歳であり、二人の生涯が重なっている部分があるので、造るのに感情移入しやすかったのではないか、と思う。

初代と二代目

ただ、この勝の像は二代目である。最初の像は、杉孫七郎が発起人となって勝が亡くなった四年後の大正三年（一九一四年）に完成した。杉孫七郎（一八三五―一九二〇）は長州藩士で、文久元年（一八六一年）の幕府の遣欧使節団に加わり、帰国後に藩へ西洋事情を報告した人物である。これからは蘭語ではなく英語であるとの杉の影響もあって、長州は五人の派遣先をイギリスにしたともいわれている。杉は勝よりも八年前に生まれ、勝が没した一〇年後に死去した。享年八五。当時としては相当な長生きである。

初代の勝の銅像は、高知県の桂浜《かつらはま》に立つあの有名な坂本龍馬像を製作した本山白雲の手に成るものだという。像の除幕式には大隈《おおくま》重信が祝辞を述べたと伝わっているが、この像が残っていないのは、太平洋戦争中の金属供出で熔《と》かされてしまったからである。近代日本を牽引するための機関車となった男の像が、戦争という近代日本の暴走によって無とされてしまった。

井上勝像（東京駅前広場）筆者撮影

こんな日本に行きついてしまったことを、天国の勝はどんな気持ちで見ていたのだろう。

そんな過去のいきさつはともかく、二代目は、リニューアルなった東京駅丸の内駅前広場の角で、凜《りん》と立っている。しかし、道行く人々はほとんど勝の像を見上げない。あるいは、井上勝という人物には興味がない、そもそも知らないといった風情だ。確かに、グローバル経済を操る日本のエリート社員が集中する丸の内界隈で、長州ファイブの一人だ、鉄道の父だといっても、「はあっ？」という感じだろう。

それでいい。少しでも知っている人がいれば、それでいい。最先端のビジネスをこなすエリートたちだって、やがてはその場を去り、新たな興味、関心と出会う時がやってくる。自分を再び見つめ直す時になって、井上勝という人物を知ることがあれば万々歳だ。

今、勝の写真を撮り終えて、ぼうっと彼を見上げている筆者のほうに、カメラを持ちショルダーバッグをぶら下げた初老の、品のいい男性が近づいてくる。来た。勝のファンだ。筆者と同じ。それでいい。

新幹線と共に眠る「鉄道の父」

今度は勝の墓に行ってみる。何だ、墓だって？　人物史を書きたいのだったら、普通は物語の締めくくりに墓をもってくるものだろう。話は始まったばかりじゃないか、とおっしゃるかたもいるだろう。が、これにはわけがある。

井上勝は、品川区の東海寺大山墓地で眠っている。京浜急行品川駅から各駅停車で二駅、新《しん》馬場《ばんば》駅の北口から歩いて五分程度のところに東海寺はある。徳川三代将軍家光が創建した名刹であり、たくあん漬けを考案したことで有名な沢庵《たくあん》和尚もここに眠っておられる。寺の案内板に従って本堂から少し歩いていくと東海寺の大山墓地がある。

勝の墓石には、明治三九年（一九〇六年）に勝に先立って亡くなった長男で陸軍工兵大尉の亥六《いろく》と、翌明治四〇年に没した妻宇佐子の名も刻まれている。家族が一緒である。周囲はまた、井上家一族の墓地ともなっている。

目につくのは、JR東日本が建てた柱状の石碑であり、そこには、

「鉄道記念物　井上　勝　墓」

とある。石碑の下には勝の生涯を概略した金属プレートが置かれている。おいおい、記念物か、モノか、勝の墓は。「鉄道の父」に対してJR東日本はもう少しましな表現ができなかったのかとは、さすがに思う。いくらそのように呼ぶ規定があるにしても。

井上勝の墓（東海寺大山墓地）筆者撮影

それにしても壮観なのは、この勝の墓のすぐ裏を、掠《かす》るが如く新幹線がひっきりなしに通っていくことである。そう、墓は東海道新幹線の線路の脇にある。だから、墓にカメラを向けると、走る新幹線を背景にした一枚が撮れる。

日本に初めて鉄道を敷き、鉄道の将来を追い求めた井上勝は、彼が思い描いたであろう未来の鉄道システムのそばで眠っている。ずっとこの国の鉄道というものを見守るように。鉄道の父の墓に、こんなにもふさわしい場所があるだろうか。だから、話の始めにぜひ、勝の墓を紹介したかったのである。

野村弥吉《やきち》となる

では、井上勝である。当初、長州藩は五人ではなく二人の藩士をイギリスに送る計画であり、洋学の知識を身につけていた井上勝は、山尾庸三と共にそのメンバーに選ばれていた。五人となったのは、井上馨と伊藤博文、遠藤謹助が、勝と庸三が派遣されることを知り、後から藩にそれぞれ頼み込んだからである。

勝は、長州ファイブの中で一番年下だった。密航時の年齢[*1]でいうと、井上馨が二九歳、遠藤謹助が二八歳、山尾庸三が二七歳、伊藤博文が二三歳、井上勝が二一歳であり、勝と最年長の井上馨とは八歳の開きがあった。

この、勝の年齢の若さは、ロンドンで西洋文明を吸収する際に、かなり有利に働いたのではないだろうか。この時すでに「政治家」的資質があり、人間としてのインフラが構築されつつあった井上馨と比べ、勝は若いゆえに西洋文明に純粋に感嘆し、吸い取り紙のように知識を身につけていけたのでは、と思えるのである。

井上勝は天保一四年（一八四三年）八月一日、長州萩城下町土原《ひじはら》（現在の萩市土原《ひじわら》）に生まれた。父親は長州藩士井上与四郎勝行《かつゆき》で、勝はその三男にあたり幼名を卯八《うはち》といった。父の勝行は藩の上級武士であり、長州藩の長崎藩邸に勤める傍ら、オランダ人から西洋の兵学、具体的には銃で武装した兵による陣形を学んだ。むろんこれは藩命に基づいた行動だろうが、勝行自身、洋学を重んじるかなり開明的な考えの持ち主だったと伝わっている。

その後、勝行は長州に戻り、代官、さらには藩校明倫館の責任者である頭人《とうにん》など、藩の要職を務めることになる。勝の将来を考えた時、洋学に明るい父がいた彼の家庭は、進取の気性溢《あふ》れた刺激のある環境であったことは間違いない。ある意味、ロンドン行のレールは始めから敷かれていた。

その家庭から、勝は突然離れることになる。六歳の時、長州藩士野村作兵衛の家に養子に出されたのだ。以降ロンドンからの帰国まで、勝は野村弥吉と名乗ることになるが、本書では名前の変更による混乱を避けるため、基本的に井上勝で記す。なお、長州ファイブの一人井上馨も二一歳で長州藩士志道《しじ》慎平の家へ養子に入り、一時志道聞多《ぶんた》となるが、同様に井上馨の名で概《おおむ》ね通すことにする。[*2]

勝が養子に出されたのは三男だから仕方がない。長男でなければ武家とはそういうものだ。でもこれで勝が実家と縁が切れたかといえば、そんなことはない。井上家と野村家は昵懇《じっこん》の間柄だったので、勝は実家へちょくちょく行っていたという。

そんな実家の父勝行に連れられて、勝が相州、すなわち相模《さがみ》（現在の神奈川県）に行ったのは一三歳の時だった。時は安政二年（一八五五年）、初めて勝が長州の外に出たのだ。その前年、幕府はペリーと日米和親条約を締結し、下田、箱館（現在の函館）の二港を開いた。太平の眠りは、ついに醒《さ》まされたのである。

相州で伊藤と出会う

勝の父は藩より相州警備隊長に任じられていた。開国した幕府はさらなる外国船の来航を警戒して、長州藩に相州の沿岸警護を命じていたのである。勝行がわざわざ勝をともなったのは、野村家に養子に出したとはいえ、実の親として息子の見聞を広めるためだったのだろう。

その、相州警備隊の本陣がある上宮田《かみみやだ》（現在の三浦市）で、勝はのちの長州ファイブの一人、伊藤利助《りすけ》（後の伊藤博文）と出会うことになる。伊藤は勝と比べ、ずっと身分の低い武士だった。もともとは周防国熊毛郡束荷村《つかりそん》（現在の山口県光市）の農家の出で林利助といったが、一四歳の時、父が奉公する足軽の家に父共々親子養子となり、伊藤姓を名乗るようになった。

そして安政三年（一八五六年）、伊藤は一六歳で藩に願い出て相州沿岸警護の任を許される。これが彼の生涯にとって大きな転機となる。というのも、相州で伊藤は長州の大物たちとつながりのある藩士来原良蔵《くるはらりょうぞう》に見いだされ、その手付《てつけ》、つまり従者となった。来原は吉田松陰と交友があり、また桂《かつら》小五郎（木戸孝允《たかよし》）の義弟でもあった。そのネットワークによって伊藤は上昇への道を駆け上っていく。

余談だが後年、鉄道敷設の技術官僚として邁進する井上勝に対し、そのワンマンぶりが批判を招くことが多々あった。だが伊藤は、ある時は勝の意を曲げない頑固さに苦笑しつつ、明治政府のキーパーソンとして勝を終始支えたという。明治の鉄道事業は、伊藤博文および大隈重信という政治家と、井上勝という技術官僚の合力で進められていったのだ。

その政府と現場の連携の原点が、勝と伊藤が初めて出会ったこの相州沿岸警護だったのである。勝と伊藤は年齢が二つしか違わないこともあり、話がいろいろとはずんだことだろう。

それにしてもここ上宮田で、異国船を見張る役目についていた勝と伊藤は、七年後に当の異国の本拠地ロンドンで、お互いが髷《まげ》もない西洋風の頭をして、刀も差さず羽織も袴《はかま》も身に着けず洋服を着て、ベッドで寝起きし、箸の代わりにナイフとフォークを使って食事し、UCLという大学に通い勉学する自分たちの姿を、想像できただろうか。

長崎で伊藤と再会

安政三年（一八五六年）、相州沿岸警護の任を終えた父と共に勝は長州萩に戻るが、ほどなく幕末の日本を目まぐるしく動くことになっていく。まず安政五年、一六歳の時、勝は藩から長崎で洋式兵学を学ぶことを命じられ、長崎の長州藩邸においてオランダ人士官から学ぶことになった。そしてここで再び、勝は来原良蔵と共に来ていた伊藤と再会するのである。

伊藤はこの頃から、利助ではなく俊輔と名乗っていた。相州沿岸警護の役目を終えた後、伊藤は来原良蔵の紹介で吉田松陰の松下村塾で学んでいた。伊藤はまた、松陰の藩への推薦で長州から京都に派遣され、その地で尊王攘夷の志士たちと交わりながら、自らも確たる尊攘主義者になっていた。

そんな成長した伊藤と再会したわけだが、勝はといえば、こうした攘夷、もしくは尊王攘夷主義とは距離を置いていた。勝の関心は終始一貫、洋学を習得することにあったのである。

長州藩の長崎藩邸で洋学の実習訓練を終えると、勝は幕府の長崎奉行所西役所で洋学の勉強に集中する。なお、勝海舟が第一期生だったことでも有名な幕府の長崎海軍伝習所は、この長崎奉行所西役所内にあった。

翌安政六年六月、長崎から萩に戻った勝は、藩命で洋式の模範小隊を編制し世話役となるが、すぐに同年江戸に派遣される。その江戸で、幕府が設置した洋学教育施設である蕃書調所《ばんしょしらべしょ》で西洋兵学を中心に洋学を学ぶことになる。だが、ここ江戸に至るまでに洋学についてはかなりの知識を得ていた勝は、蕃書調所で教わる内容がどうにも物足りなかった。そこで、翌万延元年（一八六〇年）八月、思い切って箱館に行くことにした。箱館には「幕末のスーパーマルチ人間」、武田斐三郎《たけだあやさぶろう》がいたからだ。この時、勝は一八歳だった。

五稜郭《ごりょうかく》を造る

武田斐三郎を知っている人は、そんなにはいないはずである。あの五稜郭を造った人といったら、おわかりいただけるだろうか。もっともこれは斐三郎のあまたある能力の一部にすぎない。

武田斐三郎（一八二七―一八八〇）は伊予大洲《おおず》藩士で、大坂の緒方洪庵《こうあん》の適塾で学び、その後江戸に出て伊東玄朴《げんぼく》の下で蘭学を、また佐久間象山からは西洋兵学を学んだ。ペリー来航時には象山に率いられて吉田松陰と共に浦賀で黒船を見ている。

斐三郎は語学に明るい才があり、ロシアのプチャーチンが来航した際は幕府に命じられた蘭学者に随行して長崎に出向き、ロシア御用取調掛として対応にあたっている。

安政元年（一八五四年）には、堀利煕《としひろ》、村垣範正《のりまさ》の両幕臣と共に蝦夷地《えぞち》調査に赴き、そのまま箱館に残って幕臣となる。やがて箱館に奉行所が置かれると幕府は斐三郎を箱館詰めとし、彼は約一〇年箱館にとどまることになるが、この間精力的に動いている。まず箱館港に停泊中のイギリス船でストーブをスケッチし、鋳物職人に日本初のストーブを造らせた。そして、同じく箱館に来航したフランス船の軍人から教えられた方法を基に七年の歳月をかけ、建築に取り組んだのが五稜郭である。ただし彼自身は完成前に箱館を去り江戸に戻っているが。

顔を触ると頭がよくなる？

斐三郎は幕府が箱館に開設した洋式学問所「諸術調所」の塾頭（教授）ともなっている。ここは蝦夷地の開拓や警備に必要な知識・技術を、箱館港に来航した外国人から学ぶことで、わが国の人材を育てようとする教育機関だった。斐三郎は諸術調所に士族と平民を区別せず、志のある者は誰でも入学させた。

その教育内容は航海術、砲術、造船、測量、化学などじつに多彩で、門下生には日本近代郵便の父といわれた前島密《ひそか》や日本銀行初代総裁の吉原重俊などがいた。もちろんその中には井上勝もいた。

さらに斐三郎は文久元年（一八六一年）、幕府が造った洋式帆船の「亀田丸」を操って、塾生を乗せアムール川河口を遡り、ロシア沿海州のニコライエフスクまで航海している。維新後は明治政府に出仕し、日本の近代兵制の整備に努め、明治七年（一八七四年）からは陸軍大佐（砲兵）兼兵学大教授、士官学校教官などを務めた。

探検家であり、科学者であり、発明家であり、建築家であり、教育者であり、軍人であり、語学に堪能《たんのう》であり、斐三郎の多能ぶりは目を見張るものがある。なお、函館市公式観光情報のサイトによれば、五稜郭内にある武田斐三郎の顕彰碑の顔は、触ると頭がよくなるということで、みんなが撫《な》でまくった結果、ピカピカだということである。

勝はこの斐三郎の諸術調所に入るために、藩主の承諾を得て船で箱館に行った。そして航海術など実践的な科目を学ぶとともに、イギリスの副領事から英語を教えてもらった。後述するが、勝はこの頃からイギリスへ行って学びたいとの思いを抱くようになったと思われる。

それにしても勝の行動範囲の広さには驚愕する。既述の如く、勝は故郷萩からまず相州に向かい、萩に戻ると次は長崎へ、そして今度は萩から江戸へ、そしてそこから蝦夷地の箱館へ。一三歳から一八歳までの五年間で日本の南から北まで、じつに大変な距離を動いている。それは洋学をもっともっと学びたい一心からだった。そんな勝の「学びの旅」の延長に、ロンドンがあった。

ところで、この「北の学問所」にたどり着いた長州ファイブのメンバーは、勝のほかにもう一人いた。山尾庸三である。

剣の達人？　山尾庸三

庸三は天保八年（一八三七年）一〇月八日に周防国吉敷《よしき》郡二島村《ふたじまむら》（現在の山口市秋穂二島《あいおふたじま》）長浜に山尾忠治郎の三男として生まれた。父の忠治郎は城下町萩に住む長州藩士繁沢石見《はんざわいわみ》の給領地、つまり藩士に与えられた土地を管理する庄屋（給庄屋）だった。だから庸三は、もともとは武士ではない。小さい時から寺小屋に通っていた庸三は優秀な子だったようで、一〇歳で小郡《おごおり》宰判《さいばん》（役所）の手子《てこ》（従者）となったといわれている。

繁沢はこんなにもできる庸三を見て、萩の自分の家の奉公人として抱えるようになった。つまり、身分は低いものの、庸三は士分の末端に加えられたわけで、これが上昇の始まりとなる。庸三はまた、徳山の藩士から歴史や漢詩、書なども熱心に学んだ。そして安政三年（一八五六年）、二〇歳の時、藩に自ら願い出て江戸へ遊学することとなる。

江戸では、北辰《ほくしん》一刀流の玄武館や鏡新明智流《きょうしんめいちりゅう》の士学館と共に、幕末江戸三大道場の一つといわれた神道《しんとう》無念流の練兵館《れんぺいかん》に入門する。練兵館は長州藩とゆかりの深い斎藤弥九郎《やくろう》が指導する道場で、庸三はここで剣の鍛錬に励んだ。長州ファイブの中では、剣の腕が立ったようだ。

ところで江戸の有名道場では、多くの幕末の志士たちが門下生となっている。坂本龍馬は北辰一刀流の桶町《おけまち》千葉道場で、武市《たけち》半平太は士学館で、高杉晋作や桂小五郎は練兵館で、といった具合だ。これには剣術の修行で本場の江戸に行きたいと願い出れば、基本的には武家社会だから藩主の許しを得やすかったという背景がある。こうして江戸に集まった各藩の有能な志士たちは、道場という場を活用して交流を重ね、ネットワークを形成していくのである。

ロシア沿海州へ行く

この練兵館で、庸三はすでに道場の門下生となっていた桂小五郎と知り合い、その弟分のように親しくなる。長州ファイブのほかの三人とは違い身分が低かった伊藤や庸三は、ある人物の知己を得たことがきっかけで、人生が上昇カーブを描いていくのが共通している。それが伊藤の場合は来原良蔵であり、山尾庸三は繁沢石見だった。

ただ庸三も伊藤も、内面にギラギラした情熱を秘めていたからこそ、自分を見いだしてくれる人たちと出会うことができたのである。そもそも両人が凡庸だったなら、誰にも見向きもされなかっただろうし、上昇なんてあり得なかったろう。しかるべき人に、しかるべきチャンスが訪れ、しかるべくしてそれをつかむ。そういうことだ。

庸三はまた、江川太郎左衛門（英敏《ひでとし》）の私塾で西洋砲術や航海術を学んでいる。太郎左衛門は、品川沖の台場砲台や韮山《にらやま》反射炉の建設で有名な、あの「幕末の天才」といわれた砲術家、江川坦庵《たんあん》（英龍《ひでたつ》）の息子である。

そんな江戸でのある日、庸三は武田斐三郎が幕府の亀田丸でロシア沿海州への航海を計画していることを知る。庸三はこの話を練兵館の館主である斎藤弥九郎から聞いたものと思われる。

というのも、亀田丸の船長は弥九郎の弟だったからだ。そこで庸三はここぞと、弥九郎に強く頼み込み、亀田丸に乗せてもらうことになる。そして、ニコライエフスクまで行ってしまうのである。

自分で構築していった人的ネットワークを最大限活《い》かして初めて外国に行った庸三が、大きな刺激を受けたのは間違いない。ロシア沿海州から箱館に戻った彼はそこにとどまり、斐三郎の諸術調所で航海術を学ぶことにした。庸三の心にも、外国に行って学びたいとの思いが根を張りつつあった。

＊1　年齢は、本書では基本的に生まれた年を一歳とし、以後正月になると一つ歳を加える「数え年」で記している。

＊2　実際には勝の父親は、勝がロンドンに向けて出港してから間もなく息子の養子縁組を解消し、野村姓から井上姓に戻している。勝の密航が幕府に発覚した場合、野村家に累が及ぶのを防ぐためである。おそらく留学中、勝もそのことは知っていたと思われる。

第二章　メンバー、確定！

壬戌丸《じんじゅつまる》と癸亥丸《きがいまる》

ジャーディン・マセソン・ホールディングス株式会社（Jardine Matheson Holdings Limited）という香港《ホンコン》に本拠を置く持株企業がある。多種多様の事業を展開するイギリス系の複合企業、いわゆるコングロマリットであり、世界経済に大きな影響力を持っている。

もともとは一八三二年、スコットランド人のウィリアム・ジャーディンとジェイムズ・マセソンによって広東《カントン》に創設されたジャーディン・マセソン商会（Jardine, Matheson & Co.）という、主に茶貿易に従事した会社が前身だ。長州ファイブのロンドン行に、この貿易会社が大きな役割を果たすことになる。

文久二年（一八六二年）九月。長州藩はジャーディン・マセソン商会の横浜支店から蒸気船ランスフィールド号を買い、「壬戌丸」と命名した。翌年、長州藩は同商会から今度は木製帆船ランリック号を購入し、「癸亥丸」と名付けた。

この年、すなわち文久三年、徳川一四代将軍家茂《いえもち》は、外国人嫌いの孝明《こうめい》天皇や尊王諸藩の声に押され、ついに五月一〇日をもって欧米列強に対し攘夷を行うことを約束させられた。もっともそれは、直接の武力行使を必ずしも意図したものではなかったが。

風雲急を告げる情勢の中、長州藩は家茂の攘夷の約束より一足早く、攘夷の決行を定めていた。そのため海軍力を強化すべく、これら二船を新たに揃えたのである。そして航海術を学んできた井上勝《まさる》を癸亥丸の船長に、山尾庸三を同船の測量方に任命したのだった。

「人の器械」となる

勝はといえば、箱館の武田斐三郎の下で一年半ほど学んだあと、故郷の萩に戻っていた。が、時代は勝にのんびりさせる時間など与えない。すぐにまた江戸に向かうことになり、麻布《あざぶ》の長州藩邸で藩の勤めをこなしながら、時間を捻出しては横浜外国人居留地に行き、英語力をさらに高めようと勉学に励んでいた。

そんな勝と庸三に、癸亥丸乗り組みの命が下ったというわけだ。しかし、二一歳そこそこの勝が船長である。測量方の庸三と共に、二人は藩の期待が大きい人材だったことがよくわかる。

二人は任命されるとすぐに、癸亥丸を江戸から兵庫まで回航せよとの藩命を受ける。船を無事兵庫に到着させた彼らは、その足で報告のために京を訪れるのだが、京の一力茶屋《いちりきぢゃや》には長州藩重役の周布政之助《すふまさのすけ》がいた。この政之助の決定によって、井上勝と山尾庸三はイギリスに派遣されることになる。いや、正確には二人の願い出を政之助は藩として公式に受け入れた。

航海術や英語をいち早く学んでいた勝や、ロシア沿海州までの航海の経験があった庸三は、イギリスへ行ってさらなる勉学を積みたいとの思いを募らせていたことはすでに見てきた。そのことを二人は藩に訴えていた。これが、政之助ら藩上層部の思惑と合致した。政之助には「大攘夷」を実現させるため、できる藩士を外国へ派遣し、「人の器械」となって戻ってこさせるという考えがあったのである。

この、「人の器械」とは何か。簡潔にいうなら、「西洋の文化と技術を完全に理解し身につけた人間」を意味する政之助の言葉だ。

最初のメンバー、勝と庸三

周布政之助は長州藩の洋式軍制改革を推し進め、海軍を組織化した藩の開明派重鎮である。

彼は、人の器械となって西洋から帰国した者の知識・力をもってわが方を軍事的に強化した後にこそ、完全なる攘夷ができるという大攘夷（開国攘夷ともいう）を論じていた。

もっとも後に政之助は、彼ら開明派が支えた長州藩内の正義派と呼ばれた久坂玄瑞《くさかげんずい》ら率いる長州兵が元治元年（一八六四年）に禁門の変（蛤御門《はまぐりごもん》の変）で敗れ、また下関が外国艦隊から報復攻撃を受けると、幕府恭順を主張する俗論派に藩の主導権を奪われ、同年、責任を取って切腹する。なんともかわいそうだ。

でもまあ、そんなちょっと先のことはともかく、この時の政之助の決定によって、井上勝と山尾庸三は念願が叶《かな》ってイギリスに行くことができるようになった。その嬉《うれ》しさはいったい、どんなものだったのだろう。とりわけ勝は、攘夷とは一線を画し、洋学一直線でこれまで進んできたのだから、感無量の思いがあったろう。

一方、山尾庸三はどんな気持ちだったか。彼は当時としては極めて貴重な日本脱出経験をし、その興奮もあって箱館の武田斐三郎のもとで航海術を学んだ。しかし、その後江戸に戻ってくると、長州藩江戸屋敷に詰めていた攘夷派藩士と共に、品川の完成間近であった英国公使館を焼き討ちしている。その丸焼きにした当の敵の本拠地イギリスに、学びに行くのである。行動としてはまったく矛盾している。

本当は外国に行って洋学を極めたいという沿海州行以来の日々深まる情熱が、焼き討ちのような攘夷行動より遥かに勝っていたはずだ。だが、カリスマ性さえ帯びたリーダー高杉晋作に率いられた攘夷を叫ぶ江戸詰め藩士たちがつくる流れには、庸三のような下士出身の立場では結局抗しきれず、ついて行かざるを得なかった、ということだろう。しかし、もうそんなことはどうでもいい。外国で学びたいという願いが叶うのだから。

と、この時、井上勝と山尾庸三がイギリスに行くなら俺も入れろと、強引に藩にねじ込んできた男がいた。志道聞多、すなわち井上馨である。

最年長の長州ファイブ

井上馨は長州ファイブの中では最年長で、リーダー格だった。天保六年一一月二八日（一八三六年一月一六日）、周防国吉敷郡湯田村字高田（現在の山口市湯田温泉）に生まれ、幼名を勇吉《ゆうきち》といった。父親は一〇〇石取りの地侍、井上五郎三郎光亨《みつのり》で馨は次男にあたる。父は子供たちの躾《しつけ》、教育には厳格だったという。馨は一七歳で萩の藩校明倫館に入り、二一歳になると二五〇石取りの中級藩士志道慎平の養子に入る。

やがて馨は藩主の参勤交代と共に江戸に出る。そして長州藩江戸屋敷内の藩校有備館で学ぶとともに、幕末江戸三大道場の一つ練兵館に通い剣の修行に励む。馨はまた、海軍に強い関心を持ち、洋学志向が強かった。そのため、江戸滞在中の肥前藩の学者岩屋玄蔵から蘭学を学ぶ一方、江川坦庵のもとで洋式砲術も学んだ。さらには藩の海軍力強化策に沿って、英語の習得にも努めていたようである。

そんな馨は藩主毛利敬親《たかちか》の覚えがよく、二六歳の時に藩主の小姓役、つまり世話役に、続けて二八歳で世子定広（毛利元徳《もとのり》）の小姓役となっている。聞多という名は、小姓時に敬親からもらったものだ。藩命でジャーディン・マセソン商会から蒸気船ランスフィールド号（壬戌丸のこと）を購入する任にあたっていたのも馨である。

この買ったばかりの壬戌丸に、井上馨はもう一人の長州ファイブメンバーである遠藤謹助と共に船員として乗り込んだ。二人は世子定広の同船による江戸湾一周巡りの供もしている。だが、買ったとはいえこの時、壬戌丸を操船していたのはすべて外国人であり、馨は西洋船を操るのは今の日本人の技量ではとても困難だと悟ったという。

もっとも先に記したように、この翌年（文久三年）の三月には井上勝と山尾庸三が癸亥丸を江戸から兵庫へ見事に回航させている。航海術や操船術を日本でできる得る限り学んでいた勝や庸三と馨とでは、少なくとも船の扱いについては明らかな力の差があったということだ。当初

井上馨
提供：Alamy／PPS 通信社

のイギリス留学メンバーが勝と庸三だったのもよくわかる。

結局、壬戌丸の乗組員とはいえ何もできない馨と遠藤謹助の二人はすぐに下船せざるを得なかった。このあたりの悔しさが馨のバネとなった。そして、攘夷を完遂するには何よりも海軍を強化しなければならず、そのためにはこういう船をたくさん造り、船を自在に操る優秀な船員を育成できる外国で直接学ばなければ駄目だと、現実的な願望を抱くようになった。

それにしても伊藤俊輔を除き、長州ファイブのうち四人には、客としてではなく乗組員として船に関わった共通経験があった。船、とりわけ蒸気船は当時のハイテクの塊であり、これに乗り組んだ者は、この最新の乗り物を造った国へ、ある種敬意を抱くのは自然な感情だろう。彼らはイギリス行に選ばれるべくして選ばれたといえる。

とはいえ、井上馨も品川の英国公使館を丸焼きにした攘夷派のリーダーの一人である。幕末カオスの時代、ともかくこの国を外国から何とか守り、新しい日本を築きたいという情熱と情緒を持った、しかしその実、真の外国の情報にほとんど触れたことがない若き志士たちに、考えの整合性、首尾一貫性を求めることは、そもそも無理だったのかもしれない。

馨のねじ込み

そんな馨が勝と庸三のイギリス行を知ったのは、京に潜んでいた時だった。品川の英国公使館を丸焼きにしたことで、幕府の役人につかまらないように用心して江戸を離れていたのである。馨は、二人が藩からイギリスに派遣されることになった経緯を横浜の貿易商伊豆倉《いずくら》の番頭佐藤貞次郎から聞いた。貞次郎は勝や庸三と共に癸亥丸に乗って京に来ていた。

二人にイギリス行の命が出たという話は、実際には周布政之助から一力茶屋に呼び出されたこの貞次郎が、二人に伝えたという形だった。伊豆倉とは、長州藩の御用達《ごようたし》をしていた江戸商人榎本《えのもと》六兵衛の店である大黒屋の横浜支店で、貞次郎はこの店を任されていた。貞次郎から勝と庸三の話を聞いた馨は居ても立ってもいられず、彼もまた貞次郎を通して周布政之助に自分もイギリス行に加わりたいとの思いを伝えさせ、許されたのだった。

しかし、商人とはいろいろと働かされるものだ。藩のおかげで儲《もう》けているのだから、連中を使い走りにして当然といった武士の理屈があるのだろう。もっとも商人が武士を超えて、堂々と活躍できる日はすぐそこに来ている。あの三菱の総裁岩崎弥太郎が、この頃に力をためている。明治になると彼は解き放たれるのである。

これでメンバーは三人となった。彼らは藩から五年間の海軍修行のためのイギリス行を認められたのだった。

幕末の海外渡航一覧

この年、すなわち文久三年（一八六三年）四月下旬、いよいよ三人は京を去り、渡航準備のために江戸に向かうことになる。ただ、馨はその前に一つ、やることがあった。姓を志道から井上に戻したのだ。密航でイギリスに行くのである。幕府が日本人の海外渡航の禁を解いたのはこれから三年後の慶応二年（一八六六年）四月七日以降だ。よって、それまで日本人が海外に出るのは、幕府が派遣した使節団にでも混ぜてもらわない限りご法度だった。だから馨は、万が一密航が幕府に発覚した時、養子先の志道家に累が及ぶのを心配し、養子縁組を解消したのだ。

ところで、今、日本人の海外渡航のことに触れた。そこで、本筋からは外れるが、幕末に日本人が海外へ行った主だった事例にはどんなものがあったのか、ちょっと挙げてみる。

①万延元年遣米使節

日本が開国したあと、幕府が初めて万延元年（一八六〇年）に海外派遣した使節団。安政五年（一八五八年）に結ばれた日米修好通商条約の批准書交換のため、アメリカに向かった。勝海舟、ジョン万次郎、福沢諭吉らが乗り込んだ「咸臨丸《かんりんまる》」が太平洋を越えたことでも有名。

②武田斐三郎のロシア沿海州行

文久元年（一八六一年）、幕臣武田斐三郎が「亀田丸」を操ってロシア沿海州ニコライエフスクまで航海。山尾庸三も同行。

③文久遣欧使節

文久元年、幕府がヨーロッパへ派遣した使節団。オランダ、イギリス、フランス、プロシア、ロシア、ポルトガルとの修好通商条約（一八五八年、一八六〇年）で交わされた兵庫・新潟両港の開港延期と江戸・大坂両市の開市期日延期の交渉および、ロシアとの樺太《からふと》国境画定交渉を目的とした。福地源一郎、松木弘安《こうあん》（寺島宗則《むねのり》）、福沢諭吉、杉孫七郎などが幕府一行に加わった。

④幕府上海使節

文久二年、幕府が中国情勢を視察するためイギリスから購入した「千歳丸《せんざいまる》」に使節団を乗せ上海に派遣。同船には高杉晋作や薩摩《さつま》の五代才助（友厚《ともあつ》）も乗船しており、一行は約七カ月同地に逗留《とうりゅう》した。

⑤幕府オランダ留学生派遣

幕府が海軍力強化のため、文久二年に九人の優秀な幕臣と選りすぐりの七人の職人、都合一六人を留学生としてオランダに派遣。この中には後に幕府艦隊を率いて箱館に向かい、新政府軍と戦った榎本釜次郎（武揚《たけあき》）がいた。

⑥長州藩英国留学生派遣

文久三年、長州藩が大攘夷実現のため、井上馨、伊藤俊輔、井上勝、山尾庸三、遠藤謹助の五人、通称長州ファイブをイギリス留学に派遣。

⑦薩摩藩遣英使節団

元治二年（一八六五年）、薩摩藩がイギリスに派遣した、五代才助や松木弘安ら視察員を含む一九名の留学生の一団。長州ファイブに対し、「薩摩ナインティーン」と呼ばれる。留学生には上野の現東京国立博物館を創立した町田久成《ひさなり》や初代文部大臣となった森有礼《ありのり》らがいた。

このうち、①～⑤までは幕府が組織した使節団なので、海外渡航禁止令違反の範疇《はんちゅう》には入らない。この物語のテーマである⑥、そして⑦が幕府の海外渡航禁止令違反に該当するものである。

それにしても今さらながらに福沢諭吉はすごい。というか図太い。諭吉は中津藩士であって幕臣ではない。であるのに幕府の咸臨丸でアメリカに行き、サンフランシスコでは写真館に行って美少女とちゃっかり、写真におさまっている。と思ったら、今度はすかさず、幕府の文久遣欧使節に入り込んで、ベルリンやオランダではこれまたカッコいい写真を撮られている。

この、海外に行くことができる機会が滅多にない、いや、ほぼない時代、それでも訪れた貴重なチャンスを絶対に逃がさない、世界を直《じか》に見られる好機は何としてもつかむというスピリットは、本当に瞠目《どうもく》ものだ。こういう猛烈な積極性がないと新しい知識は手に入らないし、明治日本を啓蒙《けいもう》できない。さすが、慶應《けいおう》義塾の創立者である。

遠藤謹助とは

本筋に戻る。京で勝と庸三、馨の三人のイギリス行が決まった時、遠藤謹助と伊藤俊輔もまた京にいた。まず謹助である。

謹助は勝や庸三が学んだ箱館の武田斐三郎のもとに行くつもりだった。庸三がこれを止めた。

一緒にイギリスへ行こうと強く誘ったのだ。もちろん謹助は飛びついた。彼もまた井上馨同様、壬戌丸を降りざるを得なかった悔しい経緯があり、操船や航海術のことを外国で学びたいと考えるようになっていたのである。

この遠藤謹助、ここまで順に紹介してきた長州ファイブのほかのメンバーとは違って、じつは彼のイギリス行までのことはほとんどわかっていない。確かなのは、天保七年（一八三六年）二月一五日、長門国萩城下町の遠藤家に生まれたということだ。遠藤家は長州藩では大組《おおぐみ》と呼ばれた上級藩士に属し、五〇四石取りだった。だから謹助は長州ファイブの中では最も家禄《かろく》が高い家の出身ということになる。

父の彦右衛門は長州藩江戸藩邸の公儀人《こうぎにん》、つまり幕府や諸藩と交渉にあたる重要な役職についていた。また太市郎《たいちろう》という一九歳も年の離れた兄がいた。太市郎は安政三年（一八五六年）に遠藤家の当主となり、また父彦右衛門の江戸藩邸公儀人を継いでいた。あと、わかっているのは謹助が馨と壬戌丸に乗り込んだのは、江戸詰めをしていた二七歳の時、ということだ。

遠藤謹助

かように、遠藤謹助のイギリス行までの足跡は明瞭ではなく、ミステリアスである。でも、そんなことは大した問題ではない。なぜなら彼はロンドンから帰ってきて、明治日本のために、お雇い外国人に頼らない日本人技術者の手による貨幣鋳造を成し遂げた。井上勝が「鉄道の父」と称されるように、人によっては「造幣の父」とまで呼ぶ遠藤謹助のすごさ、偉大さは、その史料不足による若き日の不確かさなどで減殺されたりすることは、毫もない。

さて、謹助のイギリス行に加わりたいとの強い意思は、たちまち京の長州藩邸の幹部たちの知ることとなった。謹助が急いで江戸に戻ると、弟の決心を知った江戸藩邸の公儀人である兄太市郎は、藩に弟の渡航を強く周旋し、家柄も問題ない謹助は、正式に渡航を許される。かくしてメンバーは三人から、すぐに四人となった。しかもその四人は、間髪を容れず五人となる。伊藤俊輔が加わったのである。

長州ファイブが確定！

俊輔は桂小五郎の命で江戸と京を目まぐるしく行き来しており、この時も京にいたところだった。俊輔と井上馨は江戸藩邸で顔馴染《かおなじ》みだった。品川の英国公使館を一緒に焼き討ちした仲でもあり、攘夷の同志、盟友といったところである。そんな俊輔が桂小五郎の指示で武器買い付けのため京から江戸に向かうところに、井上馨も同行する。その道中、馨は俊輔にみんなと一緒にイギリスへ行こうと口説くのである。初め、俊輔は容易に「はい」とはいわなかった。

「何いってんだ、聞多さんは。敵の本丸に行ってどうするんだ」

といった具合だったのだろう。

それはそうだ。俊輔がこれまでやってきたことは、ボス桂小五郎の指示であちこちに飛んだり、あるいは英国公使館を丸焼きにしたりといった攘夷の実践だった。下士の俊輔としては自分が上昇するため、上の者の目に留めてもらうため懸命だったのである。

俊輔には、航海術取得や海軍のノウハウを学ぶため船に乗り込んだ経験はないし、そんなことに費やす時間もなかった。井上勝や山尾庸三、遠藤謹助、井上馨のように洋学を学び、また船の乗組員となったことで彼らの中で大きく育っていった外国で学びたいという欲求は、伊藤俊輔には見られない。

しかし、京都から東京まで新幹線「のぞみ」でたった二時間ちょっとしかかからない今日とは違い、幕末に京から兵庫に出て船で江戸に行くのは、恐ろしく時間がかかる。その間ずっと説得されたら、いい加減心は動く。

「そうか。これも攘夷のため、か。よし!」

まあ、こういうふうに。そう、馨は大攘夷を実現するためのイギリス行であることを説いたに違いない。結果、俊輔は馨の熱意にうたれ、ついに密航に加わることを盟約する。俊輔の場合は、だからほかの四人のように事前に藩の許可を得たわけではなく、井上馨に誘われて密航する形となった。もっとも、ボス桂小五郎は子分のこの行動を壮挙だとし、また藩はこれまでの俊輔の忠勤ぶりを評価していたので、つまりは事後承諾のような按配《あんばい》となり、大した問題はなかった。ここに長州ファイブは揃ったのである。

伊藤俊輔（博文）
提供：Bridgeman Images／時事通信フォト

なぜイギリスだったのか

ところで一つ、ここで考えてみたいことがある。なぜ、五人の派遣先はイギリスだったのか。

この問題のキーは英語である。

アメリカ海軍提督マシュー・ペリーが乗った旗艦サスケハナ率いる四隻の黒船が浦賀に来航したのが嘉永六年（一八五三年）。翌年、再び来航したペリーと幕府の間で日米和親条約が結ばれ日本が開国すると、堰《せき》を切ったように入り込んでくる英語に、否《いや》が応《おう》でも多岐にわたる分野で日本は対応しなければならなくなった。

学問の世界においても、洋学といえば蘭学、すなわちオランダ語で書かれた書物などによって西洋のことを学んでいた現状が、英語によるものへと急速に移っていく。勢い、英語を母語とする国へと、西洋の新しい知識を身につけようとする日本人の目が向くのは自然である。

そんな幕末日本と関わりを持った英語を話す国は二つあった。アメリカとイギリスだ。よって、長州藩はもう一つの英語国家アメリカに五人を派遣してもよかったのである。

そもそも、太平の眠りから日本を覚醒させたのは、ペリーを送り込んできたアメリカだ。勝海舟や福沢諭吉を乗せた咸臨丸は、彼らの希望と冒険心を運んでアメリカに行っているし、初代駐日アメリカ公使となるタウンゼント・ハリスは下田玉泉寺に領事館を構え、江戸城に押しかけては将軍家定に強引に謁見し、幕府としぶとい交渉を重ねた。ほとんどフィクションにすぎないがハリスの世話をしたという「唐人お吉」の話も生まれたほど、幕末日本とアメリカの関わりは深い。

しかし、そんなアメリカのプレゼンスは、ある時、日本から、ふっと消えたようになる。南北戦争である。この戦争は一八六一年から一八六五年にかけて、日本の年号だと文久元年から慶応元年にかけて、つまりいよいよ押し詰まっていく幕末のコアな時期に行われた。とてつもない規模の、同胞が血で血を洗う凄絶な内戦だった。

正確にはわからないが、戦死者は南北両軍合わせ六二万人以上といわれ、二〇世紀の両世界大戦のアメリカ兵戦死者の合計数よりも遥かに多い。ゆえに南北戦争は、本土には何の被害もなかった両世界大戦より、今もアメリカ国民の心に重くのしかかっている戦いといわれている。

この南北戦争時のアメリカの日本における外交は、ハリスの後任駐日公使ロバート・プリュインの時代だった。しかし当然ながら、ハリスの時のような積極的な外交は、アメリカは日本で展開できなかった。

一方、この間日本で存在感を示した英語国家はイギリスだった。ラザフォード・オールコックやハリー・パークス、さらには、あのアーネスト・サトウといった彼《か》の国の外交官が幕末日本で意欲的に動いている。これからは英語の時代という時に、新しい知識や技術の習得で目を向けるべき英語を母語とする国は、ゆえに必然的にイギリスになる。

このあたりが、五人がイギリスに向かった理由の一つだろう。なお、アーネスト・サトウについては、後にちょっと語りたい。長州ファイブと、またＵＣＬと関わりが深いからである。

杉孫七郎の報告

加えて、長州藩が五人の派遣先をイギリスにしたのは、文久元年(一八六一年)の幕府文久遣欧使節の一員に長州藩から加わっていた杉孫七郎の帰国報告によるところがある。余談だが、この幕府の使節団に、当初長州藩は高杉晋作も加えてほしいと推薦していた。が、幕府に許可されたのは孫七郎だけだった。よほどそれが悔しかったのかどうかは知らないが、晋作は翌文久二年の幕府上海派遣使節団では、見事その一員に選ばれている。

さておき、この時ヨーロッパ各国を見て回った孫七郎は、立ち寄ったイギリスの印象から、これからは英語の時代であるとする旨を藩に建言した。当然、長州藩当局は孫七郎の言葉を参考にしたと思われる。

要は、これらの理由が重なり合ってイギリスに決まったというわけだ。けれども密航には違いなく、幕府にバレないように出港しなければならない。長州藩には吉田松陰がアメリカに密航しようとして発覚した苦い記憶がある。

それよりも何よりも、まず渡航資金を用意しないといけない。じつはこれが大変なのだが、五人は知恵を出して乗り切っていく。

第三章　さらば、攘夷

まったく資金が足りない！

最初、彼らが渡航のため藩からもらっていた資金は六〇〇両だった。勝《まさる》と庸三と馨に稽古料という名目で各自二〇〇両ずつ、その合計というわけだ。ここには急に決まった遠藤謹助と伊藤俊輔の分はない。だから五人で六〇〇両。果たしてこの金で足りるのかどうか。まず船に乗るから船賃がいる。それも江戸から兵庫までといった距離ではない。ロンドンまで行くのである。もちろん五人分の船賃。

そして、五年間の宿泊費が五人分。あと、当然勉学に行くのだからそのために支払う塾代というか授業料、もちろんそれも五人分。おっと、カスミを食べては生きていけないから食費も必要、服など衣類にも金がかかる……と、とにかく五人にはいったいいくらかかるのか、見当もつかない。ただ、六〇〇両で済むはずはないな、ということはみんな何となくわかっていた。で、横浜で英語を学んでいた井上勝は五人のうちで一番英語ができたし――まあ、できたとはいってもそこは、後でわかる程度のレベルではあるが――イギリス領事のジェイムズ・ガワー（James Gower）とは知り合いだった。そこで勝を中心にみんなで横浜のイギリス領事館に行き、ガワーに聞いてみようということになった。[*1] そうしたら、ロンドンまでの船賃やら滞在費やらその他もろもろ合わせて一人あたり一年間一〇〇〇両は最低でもかかるとガワーにいわれたので、一同、黙ってしまった。[*2]

当たり前だが黙ったままでは状況はまったくよくならない。ゆえに、こんなことで行くことができなくなってたまるかと、勝が「必ず都合して持参する」と、約束してしまう。すかさず最年長の井上馨が、本当に金を準備できるのかとガワーが疑念を抱かぬようにと、腰から自分の刀を抜いて差し出し、威勢よく啖呵《たんか》を切った。

「日本武士の魂はこの一物に在る」

（『世外井上公伝』）

さあ、江戸の藩邸に帰ってからが大変である。

保証人大村益次郎

一人一〇〇〇両。五人だから五〇〇〇両。どこにそんな大金があるか。頭を絞って出てくる金額ではない。かといって藩に「ください」と願い出ても、もらったのがそもそも六〇〇両だから、藩もその程度の認識だろう。強引に頼み込んだら渡航自体が中止されてしまうかもしれない。ただ、勝には、もしかしたら五〇〇〇両を用意できるかもしれないという心当たりがあった。だからガワーに必ず持参するといい切ったのだ。

江戸の長州藩邸には一万両という大金がもともとあった。アメリカから小銃などの武器買い付けのために藩が用意していた代金だったが、肝心の物品が渡されず商売不成立となってそのまま藩邸で眠っていたのである。この頃アメリカは南北戦争に突入していて、とても武器の売り付けどころではなかった。もっともアメリカは戦争が終わったとたん、大量に余った武器を日本に売り飛ばし荒稼ぎをした。戊辰《ぼしん》の戦いは、一面でアメリカが後始末した武器による戦でもあったといえる。

勝たちはこの眠っていた一万両を担保にして、例の横浜の貿易商伊豆倉から五〇〇〇両を借りようと目論《もくろ》んだ。金を担保に金を借りる。わかりやすい話だが、そもそも金があるならわざわざ借金しなくてもいいではないか、とは思う。けれども、藩の認識が前述のようなものなので仕方がない。

で、一同、この五〇〇〇両の借金話を伊豆倉にかけあったところ、番頭の佐藤貞次郎は、藩邸のしかるべき人物が保証人になるのなら、問題はないと嬉しいことをいう。勝らは気をよくして、その時、江戸藩邸に詰めて幕府の蕃書調所の教授手伝いをしていた村田蔵六（後の大村益次郎）に五つの頭を揃って下げた。

その結果、金額が金額だけに初めは渋っていた蔵六も、やがてみんなの熱意に動かされ、金を預かる藩邸の勘定方を説得し、保証人になってくれた。これはすごいことである。なぜって、蔵六は藩の大金を藩主の許可なく使っていいといったわけだから。五人のために責任を被る。度量が大きい。後年、「日本陸軍の父」と呼ばれ、靖国《やすくに》神社に像が建てられた大村益次郎だけのことはある。

「決して飲み食いには使いません」

いよいよ五人は渡航できる。五〇〇〇両は伊豆倉の佐藤貞次郎が洋銀で外貨に替え、その全額をガワーに託した。ガワーはそれを為替でロンドンに送ることとし、ジャーディン・マセソン商会横浜支店の支配人ウィリアム・ケズウィック（William Keswick）を呼び、五人の航海から、ロンドンでの学校の入学、住居の確保など一切のことを依頼した。

そのケズウィックがいうには、一二日〈文久三年〈一八六三年〉五月一二日〉の夜半に上海に向かって出港するわが社のチェルスウィック号という小型蒸気船があるから、それに乗って行けばいい。上海からロンドンまでは別の船を手配する。出航当日は夜の早いうちに自分の館に来てくれ。衣服はこちらで用意するから、身一つで、当座のものだけを持って来ればいい、と。

勝たちは、五〇〇〇両が確保できた翌日からいつでも出発できるよう、横浜の旅籠《はたご》「下田屋」を拠点にしていた。もろもろの準備が整ったいま、五人を代表して井上馨が藩にこれまでの経緯を記した手紙、いうならば陳情書をしたためた。日付は出港前日の文久三年五月一一日。宛先は毛利登人《のぼる》、楢崎弥八郎《ならざきやはちろう》、周布政之助、桂小五郎の長州藩幹部四人である。

陳情書には、武器を購入する藩の金を勝手に担保にして五〇〇〇両をつくり、それをガワーに渡してロンドンに行くことになった経緯を丁寧に説明し、これはもとより万死に値する罪だが、やむなくやったことであり、自分たちの心中をどうか察してほしい、金は帰ってから必ず何とかするとの内容が、五人の連名で書かれている。

また、伊藤俊輔を藩の事前許可なく一緒に連れて行くことになった件について詫《わ》び、あとから本人に別途嘆願書を送らせるとも記されている。じつに率直であり、彼らの誠意を感じさせる内容である。いろいろと考えさせられるのは次の一文だ。

「幾重《いくえ》も金《かね》の儀《ぎ》は不正《ふせい》の廉《かど》恐入候得共《おそれいりそうらえども》、飲食抔《いんしょくなど》に遣《つか》い候《そうろう》訳《わけ》にては無之《これなく》、是《これ》も否様《いやざま》なければ生《いき》た器械《きかい》を買候様被思召《かいそうろうようおぼしめされ》、御緩容奉願上候《ごかんようねがいあげたてまつりそうろう》」

（『鐵道事始め―井上勝伝』。以降『井上勝伝』。ルビは筆者）

藩のお金を勝手に利用したことについては、本当に申し訳なく思っておりますが、決して飲み食いのために使うわけではありません。生きた器械を買ったものとお考えいただきたく、どうかお許しください……。

生きた器械、周布政之助がいった「人の器械」となって戻ってくることを彼らは藩に約束している。前に述べたが、人の器械とは西洋の文化と技術を完全に理解し身につけた人間のことである。

つまり、当時としては世界最先端の人間になって戻ってくると彼らはいう。しかし、現代のわれわれからすると、人の器械という言葉には、人間の意のままに動く心のないロボットという印象がどうしてもある。

おそらく当時でも、もちろんロボットはなかったが、操り人形的なニュアンスは感じられたのではないか。彼らはそれを知った上で行ったのではないか。学問は畢竟《ひっきょう》、自分たちのためだ。自分を大きくするためのものだ。行くきっかけは何でもいい、と。

彼らの心の奥はわからない。が、少なくとも人の器械という言葉の範疇を遥かに超えた情熱を、五人は内に秘めていたに違いない。帰国後にそれぞれが成し遂げたことを考えてみれば。


恥を忍んで……


出航の当日、すなわち文久三年五月一二日（一八六三年六月二七日）。村田蔵六や佐藤貞次郎が見送りとして加わり、勝らは横浜の料亭「佐野茂《さのしげ》」で宴《うたげ》を開いた。

一旦イギリスに行ったら簡単には帰れない。五年の約束で勉学に励むのである。自分たちは向こうで頑張ることができるのだろうか。語学も不安だ。とにかく前例は何もない。ただし、一人で行くのではない。同志と一緒だ。だからやるしかない。いや、やるのだ！　本当に、五人はしこたま盃《さかずき》を重ねたことだろう。

「ますらをのはじをしのびてゆくたびは
すめらみくにのためとこそしれ」
（『伊藤博文伝』上巻）

伊藤俊輔がこの宴席で酔いに任せて詠んだ歌である。激しい尊攘派の彼には、夷狄の本陣ロンドンに学びに行くことは「恥」だったのだ。この時点では。

さらば日本

佐野茂を出ると勝たちは佐藤貞次郎の家に行き、そこで髷を落とし、髪を洋風に整えた。一足早い文明開化である。そしてジャーディン・マセソン商会のケズウィックが用意していた洋服に着替えた。それはまるで船員服のような、だぶだぶの古着だった。靴もあった。だがそれもまた、片一方に両足が入ってしまいそうな大靴だった。後日、五人は到着したロンドンで一般のイギリス人が着ている洒落《しやれ》た服を見て、自分たちはなんて貧相な恰好《かつこう》をしているのだと気づき、急ぎ服装を新しく整えたという。

それにしても、渡航費も含めきちんとお金を払っているのに、つまり勝たちは密航とはいえ乗客として行くのに、ジャーディン・マセソン商会は割とぞんざいな扱いである。服代や靴代も五〇〇〇両に含まれていたかどうかはわからない。商会側のサービスだったとしても、もう少しましなものを用意してもよさそうなものだ。勝たちは上海からロンドンへの航海においても、同様にぞんざいな扱いを受けることになる。

夜になり、ケズウィックの館を訪れた五人は、領事ガワーの手引きで小舟に乗り海岸を離れ、沖に停泊中のチェルスウィック号に乗り移った。だが出航までは船内に幕府の税関の役人がいる。勝たちは気づかれないよう船の石炭庫に身を潜めていた。

やがて夜半、チェルスウィック号は上海に向け港を離れた。もう役人たちはいない。石炭庫を出た勝たちは船のデッキから、闇の中離れていく日本を見送ったことだろう。今とは違って街や港の明かりなどほとんどない時代だから、何も見えなかったかもしれない。

そんな彼らの長州藩が攘夷の決行を開始したのは、この前日からだった。下関砲台から、沖を通る外国船に大砲をぶっ放したのである。井上勝が少し前、船長として乗り込んでいた癸亥丸も外国船攻撃に加わっている。もっとも、癸亥丸は後に反撃してきたアメリカ軍艦によってぼろぼろにされ、使い物にならなくなってしまうが。

当然ながら、密航直前で慌ただしかった勝たち五人は、彼らの藩の攘夷決行を知る由もなかった。ただ、ただ、無事に出港して上海、そしてロンドンに着くことを念じて。

長州藩の矛盾

しかしなぜ、長州藩は外国船砲撃と、五人をイギリスに派遣するという、相反する動きを同時に見せたのか。開国なんてとんでもない、これまで結んだ外国との条約はすべて破棄して、外国人を神州日本から追い出せという破約攘夷（小攘夷）の行動と、どのみち開国は不可避だから外国に藩士を送り学ばせ、その彼らの知識と技術でわが方を武装したのち、攘夷を実行するのだとする大攘夷（開国攘夷）の考えは矛盾する。攘夷を実現できれば何でもいい、攘夷のオプションはいろいろ持っておいたほうがいいということなのか。本当にそんな複眼的思考があったのか。

長州藩は、つまるところ砲撃、つまり攘夷を決行した代償として外国にこてんぱんにやられるわけで、その尻ぬぐいに急遽《きゅうきょ》ロンドンから戻ってきた井上馨と伊藤俊輔が外国との交渉で活躍することになる。そこを足場に二人はジャンプし、やがて明治日本をリードする政治家となる。

他方、勉学を修めて戻ってきた井上勝、山尾庸三、遠藤謹助の三人は、明治日本の工業界を一から育てる技術官僚となる。長州藩の破約攘夷は木っ端《こぱ》みじんとなった。だが、大攘夷実現

のために送った五人は、攘夷を遥かに超えて近代日本を建設した。長州藩が無茶苦茶に攘夷の

オプションを探ったことは、結果として明治日本のためには吉と出たということだろう。藩は

なくなっても藩が送った五人は巨人となった。

井上馨の衝撃

チェルスウィック号は、横浜を出てから五日後に上海に着いた。一八六三年七月二日（文久三年五月一七日）のことである。*3 この上海で欧米の圧倒的なプレゼンスを見て、五人は腰を抜かしてしまい、はや攘夷を捨ててしまうのはプロローグで語った通りだ。

「上海に到着するや、公は甲板上に立って碇泊所の内外を看渡すと、軍艦・蒸気船・風帆船などが幾百隻となく所狭きまで投錨《とうびょう》し、出入の船舶も頗る《すこぶ》頻繁を極め、その繁昌の景況には実に一驚を喫した。……従来の迷夢は頓に《とみ》覚醒した。即ち《すなわ》公は、我が国人も攘夷の謬見《びゅうけん》を破り、開国の方針を執って進まねば、将来国運の隆盛は望むことは出来ないのみならず、却って《かえ》自ら衰亡を招くことに至ろうと感じたのであった。」

（『世外井上公伝』。ルビは筆者）

五人の中でもとくに井上馨の衝撃は大きかった。攘夷というこれまで信じてきた無責任な夢から俄《にわ》かに目が覚めた。開国しないなら、わが国は興隆どころか、滅んでしまうと、危機感丸出しである。そんな馨を見て、伊藤俊輔は、「何だ、聞多さん。日本を出てほんの四、五日で、もう攘夷を捨てるんですか。恥ずかしいとは思いませんか？」といった具合に呆れる。同じ攘夷の道を突っ走って来た同志が、ほんの五カ月前、一緒に品川のイギリス公使館を丸焼きにした盟友が、はやこのざまである。

攘夷を捨てた彼ら

しかし、そうはいってみたものの、俊輔も動揺は隠しようがなかった。五人が上海で目撃した風景は否定しようのない現実である。ここまで攘夷一直線で走って来た意地で馨を責めてはみたが、その根底が崩壊し始めているのは俊輔自身、認めざるを得ない。やがて彼は上海からロンドンに至る荒い、長い航海の中で巧みに船を操るイギリス人船員たちの技量の確かさを見るにつけ、ロンドンに着くまでには西洋に学びに行く徒としての自覚ができ上がっていく。

一方、井上勝にとってこの上海の現実はもちろん驚きには違いなかった。けれども、馨や俊輔のような、これまでの考えの基礎を揺るがすほどのものでは決してなかったはずだ。もともと洋学を追い求め日本の南から北まで奔走し、五人の中で最も熱心に西洋事情を調べてきたのが勝である。だから、彼にとっての上海の体験は、西洋をさらに深く学ぶぞ、という決意を一層強くさせたと見ていい。

遠藤謹助や山尾庸三にとっても、上海の光景は井上勝と同様の決意を抱かせただろう。謹助は、勝と同様に尊攘主義的な活動にはこれまで縁がなかった。庸三は沿海州に行き武田斐三郎の下で学ぶ反面、馨や俊輔と一緒にイギリス公使館を焼き討ちしている。だが彼の場合は外国で学びたいという情熱のほうが遥かに強い。

五人それぞれ衝撃の度合いは違う。けれども上海で、従来の日本にとらわれない新時代の人間になるための大変革が、伊藤俊輔を含め彼ら全員に始まったことは確かだ。もはや攘夷どころではない。

では、いよいよ一路ロンドンへ、となるわけだが、神様はそうは易々《やすやす》と事を運ばせてくれない。勝たちはロンドン行の船に乗る前に、大チョンボをしでかす。そしてそれは五人のロンドンまでの航海を、ひどく苦しめることになる。

＊1　『世外井上公伝』と『伊藤博文伝』には、先ず井上馨が山尾庸三をガワーのもとに送りロンドン行について相談させ、その後馨が訪れたとある。本稿は『井上勝伝』の記述に基づく。

＊2　この時代の一両が現在のいくらにあたるかは、現在と当時では社会や経済の構造がまったく異なるので一律にいうことは困難だが、一応、日本銀行金融研究所が当時と現在の米価を基にした試算がある。それによれば、江戸時代中期（一八世紀）の米一石（約一五〇キログラム）の値段はほぼ一両であり、他方、現在の米五キロの販売価格を二一〇〇円程度（二〇一六年末、総務省統計）とすると一キロあたりは四二〇円になり、四二〇×一五〇で一両は六万三〇〇〇円となる。つまりこの計算でいくと五〇〇〇両は三億一五〇〇万円に相当する。もっとも、最幕末（慶応末）の頃にはモノの値段が急騰し一両で買えた米の量はかなり少なくなったとされ、一両の価値は四〇〇〇円から一万円程度だったのではないかとも同研究所では推察している。長州ファイブが密航した文久三年頃の五〇〇〇両が現在のいくらにあたるかは、だからこれらを見て想像するしかないが、さすがに五〇〇〇万円（一両＝一万円換算）ではなかったはずだ。筆者には、現在換算で三億一五〇〇万円というのは、妥当なように思えるのだが。

＊3　以降、日本に再び戻るまでは基本的に西暦年号表記とし、和暦はカッコ内に記す。

第四章　「ナビゲーション！」で、とんだ苦労

クリッパーで行く

上海から別の船に乗り換えてロンドンに向かうと聞かされていた勝《まさる》たち五人は、横浜のイギリス領事ガワーが書いてくれた紹介状を持ってジャーディン・マセソン商会上海支店の支配人ケズウィックを訪ねた。この男は同商会横浜支店ウィリアム・ケズウィックの兄である。

その結果、五人は二つの船に分乗してロンドンに向かうことになった。井上馨と伊藤俊輔の二人が乗るのは「ペガサス」（Pegasus）という三〇〇トンの船で、井上勝と山尾庸三、遠藤謹助の三人の船はやや大きい五〇〇トンの「ホワイト・アッダー」（White Adder）である。

面白いのは、もうこの段階で彼ら五人のグループ分けができていることだ。長い船旅になるわけだから、一緒にいるのは性向の似た者同士になるのは自然である。そういうことで馨と俊

輔、勝と庸三と謹助ということになった。この組み合わせは、後の政治志向の馨と俊輔、技術実務派志向の勝、庸三、謹助へとそのままつながっていく。

さて、彼らが乗るペガサスとホワイト・アッダーである。両船は共にクリッパー（Clipper, Tea Clipper ＝ティー・クリッパーともいう）と呼ばれる種類の帆船であり、日本語では高速帆船、あるいは快速帆船と訳される。クリッパーは中国の茶をイギリスまで運ぶ目的で一九世紀前半頃から海洋シーンに登場してきた。一刻も早くロンドンに到着するため、つまり高速を出すため高いマストと幅広い帆を持ち、船の長さに対して船幅が狭いスマートな外観をしている。

カティーサーク（Cutty Sark）
提供：Shutterstock／アフロ

このクリッパーで有名なのは、あの「カティーサーク」（Cutty Sark）である。クリッパーの説明にちょうどいいので、少しこの船の話をしたい。カティーサークは一八六九年一一月二二日、スコットランドのダンバートンで進水した九六三トンの、当時の最新鋭クリッパーである。この船にまつわる話でよく知られているのは、ライバル船「サーモピレー」（Thermopylae）との間でなされた茶の輸送競争だ。

茶を満載したカティーサークとサーモピレーの両クリッパーは、一八七二年六月一七日にロンドンに向け、上海を一斉に出帆する。南シナ海を南下し、ボルネオ島沖を抜け、七月中旬あたりまでは両船は拮抗《きっこう》していた。が、ほどなくカティーサークは南東の貿易風をつかみ、飛ぶようにスピードを増す。一時はサーモピレーを四〇〇マイルも引き離し、このままいくかと思われたが、八月一四日、海が荒れ大波を受けたカティーサークは舵《かじ》を破損してしまう。応急修理が行われたものの、明らかに船速は落ち、喜望峰を回ったあたりではサーモピレーに五〇〇マイルのリードを許してしまう。

結局、上海を出てから一二二日目の一〇月一八日、カティーサークはロンドンのすぐ手前、ケント州グレーブセンド（Gravesend）を通過し、一方サーモピレーは一週間早い一一五日目に同町を通過していた。もちろん、舵を傷めなかったらカティーサークはサーモピレーより早くロンドンに到達できたといわれている。この一一五日から一二二日程度が、上海―ロンドン間に要するこのクラスのクリッパーの航海日数だと見ていい。

カティーサークとヴィクトリー

カティーサークは現在もグリニッジに往年のままの美しい状態で保存されていて、見学チケットを買えば誰でも乗船することができる。筆者もかつてのロンドン留学時代、グリニッジに行って世界標準時で知られた天文台を見たついでに、カティーサークに乗り込んだことがある。

もちろん保存展示用であり走るわけではないので、マストに帆は張っていない。というか、そもそも帆は撤去されており、フォア、メイン、ミズンの三本のマストが青空に突き刺さるように高く高く伸びているのが印象的だった。これらすべてのマストに帆が張られ、追い風を思い切り孕《はら》んだらそれは壮観で、相当なスピードが出るだろうなあと想像した。

カティーサークはとにかく細長い。船長が二八〇フィート（約八五メートル）であるのに対し、船幅は三六フィート（約一一メートル）にとどまる。この数字を、トラファルガーの海戦（一八〇五年一〇月二一日）でイギリス海軍のホレーショ・ネルソン提督が乗船し、指揮し、そして戦死した戦艦ヴィクトリー（HMS Victory）と比較してみる。

今もポーツマス軍港で雄姿を見せる帆船のヴィクトリーは、動かないけれどもイギリス海軍軍人が勤務する現役艦であり、その長さは二二六・六フィート（約六九メートル）、幅は五一・

一フィート(約一五・六メートル)である。カティーサークと比べるとヴィクトリーはかなり幅の広い、ずんぐりしたシルエットの船であることがわかる。

また総重量三五〇〇トンのヴィクトリーに対し、カティーサークは九六三トンと、相当軽い。軍艦であるヴィクトリーはうたれ強いがっちりした構造でなくてはならず、大砲などの武器を大量に装備するため、必然的に重くなる。船体も甲板を含め六層構造だ。

ヴィクトリー(HMS Victory)
提供:Alamy/PPS通信社

ただ、それにしてもヴィクトリーより船自体は長いのに、カティーサークは軽すぎる。船体は甲板を含め三層で、甲板下の二層はほぼ貨物室で船員のためのスペースはわずかだ。積み荷を満載していかに速く走るかを追求した帆船の究極形、進化し切った形がクリッパー、ということだ。

だから、こんな船幅のない、スピード一本やりの、まるでサンマかサヨリのようなスマートな船体のクリッパーが、乗り心地よいはずはない。そこに船客として乗った場合の快適性などは、そもそも考慮外の船だ。帆走する船の複雑かつ果敢な作業や操船に長《た》け、荒波が続く長い航海と粗食に耐えられる強靭《きょうじん》かつ熟練した乗組員たちのみが謳歌《おうか》できる海の世界でもあるのだ。

こういう船でロンドンに勝たち五人は向かう。しかも九六三トンのカティーサークより遥かに小さい三〇〇トンのペガサスと五〇〇トンのホワイト・アッダーに彼らは分乗する。なぜ船を分けて乗るかといえば、五人をまとめて乗せられる広さの船室が両船にはないからだ。しかも小さい船はただでさえ揺れるし、クリッパーにあってはさらに揺れる。大変な船旅になるのは目に見えている。

しかし、そんなことは、彼らは知らない。横浜から上海までの蒸気船による船旅は問題なかったし、日本では伊藤俊輔以外の四人は船の乗組員をしていた経験がある。勝などは癸亥丸の船長でさえあった。ほんの二一歳で。だから船には慣れているし知識もあるつもりで、きっとこの先の船旅も快適だとみな思っていた。

井上勝、船長へ抗議

先に上海を出帆したのは井上馨と伊藤俊輔が乗り込んだペガサスで、一八六三年七月二八日（文久三年六月一三日）頃だった。井上勝、山尾庸三、遠藤謹助が乗ったホワイト・アッダーが出港したのは、それより一〇日ほど後である。両船はまず、上海を出ると台湾海峡を通過して南シナ海を南下、マラッカ海峡を抜けてインド洋へと入るコースを取るのだが、五人の「苦役」は上海を出てすぐに始まった。

船長を始め、船員たちが彼らを一番下っ端の船員のようにこき使うのである。勝たちは夜昼を問わない帆の上げ下ろしや、甲板の掃除、喞筒《そくとう》（ポンプ）の使用などを命じられる。おまけに食べ物は石のように硬いビスケット、そして塩漬けの肉といった粗末なもので、かじろうにも歯が立たない。歯が立っても、もともと食べ慣れているものではないので、じきに下痢を起こす。

ぐったりして寝ている時も船員が帆綱を持ってやってきて、それで尻を叩《たた》いて起こし、またこき使う。あげくは船員たちが五人を「ジャニー」といってあざ笑う。ジャニーとはジャパニーズのからかった言い方である。

勝たち五人はお金を払った客として乗っているつもりでいるから、いや金を払ったのは間違いないから、こんな待遇をされるいわれは本来ないはずなのだ。よって、とうとうインド洋に入ったあたりで不満がピークに達し、庸三と謹助は英語が少しわかる勝を筆頭に、ホワイト・アッダーの船長室に押しかけた。このあたりの顚末《てんまつ》は『井上勝伝』に書かれているので、ちょっと要約する。

勝が、「なぜこんな奴隷のような扱いをされなければならないのだ。われわれはちゃんと船賃を払っているのだぞ」と抗議すると、船長はいう。「諸君はおかしなことをいっている。自分は諸君をこき使ってはいない。上海のジャーディン・マセソン商会の支配人から頼まれたのだ。この日本人たちは航海術を覚えたいといっている。よって、航海中にうんと教育してやってくれ、と」

「えっ？」予期しない相手の返事に勝は言葉に詰まるが、船長は続ける。「だから、本当は面倒なのだが、頼まれた以上、自分は実際の船の仕事を通じて諸君を教育してきたつもりだ。ゆえに感謝されこそすれ、文句をいわれる筋合いはない」

勝は唸《うな》ってしまった。ジャーディン・マセソン商会の上海支店で支配人ケズウィックからロンドンに行く目的は何かと聞かれた時、英語の言い間違いをしでかしたことに気がついたのだ。本来は海軍すなわち「ネイビー」（Navy）の研究をしに行くというところを、「ナビゲーション」（Navigation＝航海術）の研究をしに、と勝は返事してしまった。そこでケズウィックが気を利かせて、航海中も実際の航海術の訓練ができるように両船の船長たちに申し送りしていた。

別の船ペガサスに乗っていて、勝たちと同じようにひどい目に遭っていた井上馨が後年、そのことを人に語る際に、勝が多少英語をかじっていたせいでひどい目に遭ったと苦笑していたという。

間違ったのは井上馨?

一方、井上馨の伝記である『世外井上公伝』（第一巻）と、伊藤の伝記である『伊藤博文伝』（上巻）では、このネイビーとナビゲーションの言い間違いについて、記述がちと異なる。上海のジャーディン・マセソン商会でケズウィックから渡航の目的はと聞かれた際、五人の中で唯一ケズウィックの質問の意味がわかった勝が、「いかなる目的で英国に行くのかを我らに問うています」と馨に教えた。

そこで馨が一声、「ナビゲーション!」といった。五人は渡航に際し、幕府の洋書調所（蕃書調所が改称されたもの）で編纂した『英和対訳袖珍《しゅうちん》辞書』というかなりあやしい辞書を持っていった。で、馨はこれをひいてナビゲーションなる言葉は海軍を意味する英語であると誤って理解し、この言葉だけは丸暗記していたという。まあ、暗記した意気込みは認めるが、言葉は正しい意味で覚えていないと何にもならない。

そんなわけで、『世外井上公伝』と『伊藤博文伝』ではナビゲーションといったのは井上馨ということになっている。もしこっちが本当なら、馨としては、たぶんケズウィックにそう問われて、待ってました！という気分だったのだろう。横浜のガワーのところに刀を置いていった時も威勢よく啖呵を切った。だが、今回の「ナビゲーション！」はカッコよくなかった。それで苦労する羽目になったのだから。

ただ、ネイビーをナビゲーションと間違っていったのが井上勝だろうが、井上馨だろうが、それは別段大した問題ではない。要はみんな英語力がなかったのだ。勝にしたって五人の中で英語を一番よく勉強していた割には、結局はこのざま、この程度だった。

だから教訓としては、みなさん、いつの時代も英語はしっかり勉強しましょうね、ということだ。英語に弱いと、こんな具合に船で奴隷のようにこき使われてしまいかねないからである。大丈夫だ、今はＡＩの時代だ、自動翻訳だとはいっても、いざ日本の外に出ると、実際には自分の英語で対応しなければならない場面だらけである。これは五人がいた幕末も今も、何ら変わりがない。

本当に「気を利かせた」のか

しかし、筆者にはどうしても疑いを解消できないことがある。ロンドンに行く目的を彼らが

「ナビゲーション」といったので、ジャーディン・マセソン商会上海支店の支配人ケズウィックが、それならと気を利かせ、航海中も実際の航海術の訓練ができるように両船の船長たちに伝えておいたという点である。「気を利かせた」って、本当にそうなのか？　わざとそうしたのではないか。

ケズウィックは、五人がきちんと船賃を払っている正規の乗客であることは、当然知っているはずだ。そのことは横浜のイギリス領事ガワーからジャーディン・マセソン商会横浜支店の支配人ケズウィック（弟）に伝えられているし、五人は当の領事ガワーの申し送り状を持って上海に来ている。ゆえに同商会上海支配人のケズウィックは彼らが乗客であることを知っているのは確実だ。横浜のジャーディン・マセソン商会からの申し送りもあっただろう。

よって、ケズウィックが船会社側としてお金を払った乗客に対し当然持っていい一定程度のリスペクトを勝たち五人に払っていたのなら、ナビゲーションを学びに行くと聞かされたところで、「なるほど。感心ですな」と思いこそすれ、船で一番下っ端のきつい仕事を、航海中ずっと、船には素人同然の五人にさせるよう手配したりしないはずだ。

ケズウィックは、高速船クリッパーにおける船仕事のハードさを十分知っている立場だ。こういう船を扱うのは、帆船を知り抜いたベテラン船員でないと相当しんどい。気を利かせたのではなく、要するに意地悪されたのだと、筆者は思う。

あの時代、欧米人は東洋人に対して今より高圧的な態度に出がちだった。彼らの武力は圧倒的に強く、アジアで多くの拠点を力ずくで獲得していた。同じ西洋人を見る眼《め》で、東洋人に相対していたかどうか。見下した人間がいても不思議ではない。もちろんそういう連中ばかりではないだろうけれども。

加えて、これが一番の原因かな、と考えられるのは勝たち五人が密航だったことだ。ただし、それは日本の国内事情でそうなったのであり、正しく船賃を払っている以上、彼らが船会社にとって「客」であることに何ら変わりはない。だが、密航者ならちょうどいい、日本人だし、連中が航海術を学びたいといっている以上、この際遠慮なく船でこき使って、船仕事がどれだけ大変か、わからせてやろうという気分になっても、それはそれで命じる人間の資質次第ではあり得る。

資金たっぷりの薩摩藩留学生

この、長州ファイブのロンドン行を、後の薩摩藩遣英使節団、いわゆる薩摩ナインティーンのイギリス留学行と比較すると、同じ幕府の目を盗んで行く渡航ではあっても、その待遇差はあまりにも対照的である。薩摩が五代才助や松木弘安ら四人の視察員を含む一九人の藩士をイギリス留学へと送り出したのは一八六五年（元治二年）四月のことだ。

この一九人を留学させるために薩摩は入念に準備し、また用意したお金は総額で二〇万両といわれている。[*1] 長州ファイブが用意した五〇〇〇両のなんと四〇倍だ。一九人を乗せた船もあの長崎の、トーマス・ブレイク・グラバー率いるグラバー商会が用意した大型の蒸気船であり、クリッパーのような乗り心地は二の次の客室もろくにない帆船ではない。

一九人は堂々たる乗客として、ロンドンに着くまでの間、香港、シンガポール、ペナン、ゴール（セイロン）、ボンベイ（現在のムンバイ）、アデン、スエズと各地に寄港、時には上陸し、ちょっとした観光を行うなど、長州ファイブのように苦役を強いられる目に遭うことはまったくなく、十分な食事を提供され長い船旅を満喫している。

そもそも何で薩摩がそんな大金を用意できるくらいゆとりがあったのかという話は、一七世紀初頭より続く薩摩による奄美《あまみ》や琉球《りゅうきゅう》の支配問題にも触れるだろうし、とても長くなるし、この物語とは直接関係がないのでここでは述べない。確実にいえるのは、この留学生派遣費用二〇万両は薩摩藩の一政策に要する金額にすぎないということである。そう考えると最新兵器や兵装を整えてあの討幕戦争をやってのけた薩摩には、いったいどれだけの財力があったのか。

戦争は金であり、金を持っているほうが勝つのは古今東西の真理である。

ともあれ、非合法で日本を出たことに変わりはないとはいえ、かくも用意していた金の額が違うこともあり、薩摩ナインティーンと長州ファイブとでは、旅の快適さに月とスッポンほどの差がでてしまった。これも世の常、金の世の習い、といったところか。

この、長州ファイブが船でひどい扱いを受けるきっかけとなった「ネイビー」を「ナビゲーション」と言い間違えた話は結構有名で、いろいろと書かれたりしている。けれども、そのほとんどが言い間違いによる苦労話、あるいは笑い話としての扱いだ。実際はそう単純ではなかったのではないか。密航ゆえに、そして日本人という東洋人であるがゆえに意地悪（差別）された、そういう可能性も決して排除できないと。まあ、私見であり想像ではあるが。

苦しい航海ゆえに深まる絆

とにかく五人は大変な目に遭ってロンドンへの航海を続けている。とりわけ井上馨と伊藤俊輔が乗った三〇〇トンの小さなペガサスは揺れに揺れた。インド洋も過ぎマダガスカル島から喜望峰に向かったあたりでは俄かに風が強まり、波も荒くなって、船が高い山の上にいきなり登ったかのようになったかと思えば、急に谷底に落ち込むかの如くになり、航海は大きなうねりに翻弄され続けた。

そんな中でさえも二人は相変わらず甲板掃除や帆綱引きに使われ、食べ物といえばこれも上海を出て以来ちっとも変わらないカチカチのビスケットと塩漬け肉である。馨は当然ながら船賃を払った客のつもりでいたので、こんな扱いには我慢がならなかったが、なにせ英語がわからないので船長に抗議することもできず、苦役に甘んじるしかなかった。

さらにつらかったのは船が上海を出てから一度も寄港しないのだ。一刻も早く目的地に着くためと、入港税をケチるためだ。喜望峰を回った時も、イギリス領だったケープタウンの港にさえ入らなかったくらい、船のノンストップ精神は徹底していた。まさにクリッパーである。

そんなストレスが積もりに積もって、とうとう伊藤俊輔のお腹《なか》が爆発した。かわいそうに下痢が止まらなくなったのだ。この船には余計なスペースは一切ない。一般船員用のトイレもない。船の外に排出して用を済ます。そういうことだ。

説明すると、デッキから人が歩いたりできる程度の幅の板が海面上に突き出ている。その板に乗って、立ったまま、あるいはしゃがんで用を足す。とても危ない場所である。油断すれば、いや最中に船が揺れれば海に落ちてしまう。命懸けの用足しとなる。下痢で通便の頻度が頗る多い俊輔のために、馨は彼の体を縄で縛り、その一端を船の柱に結びつけ、板から滑っても海に落ちないようにして、しっかり見張りながら付き添っていた。ただでさえ盟友だった二人は、こういう体験からもさらに絆が固くなっていく。

夜には二人でデッキに搭載してあるカッターボートに潜り込み、星空を見上げながら故郷のことや日本の行く末を語り合い、時に涙した。むろん、ホワイト・アッダーに乗っている井上勝、山尾庸三、遠藤謹助も同じ星空を見上げながら、自分たちの行くべき道についてそれぞれが話し合い、結びつきを深めていたに違いない。

こんな日々の中、俊輔の体の中にいくらか染み残っていた攘夷への想《おも》いは、ほとんど消えつつあった。船員たちに蔑まれながらも、巧みに船を操る彼らの技術の確かさ、そして遥か水平線の彼方にある目には決して見えない目的地に、敢然と船を進めるイギリス人船員たちの溢れる信念。そういう、今の自分たちには絶対できないことが、目の前で展開されている圧倒的な現実。いつしか俊輔も、彼らの国の知識、技術を習得したいという真摯な学びの徒に、自然と変わっていったのである。

二つの船は喜望峰を通過し、大西洋を北上している。イベリア半島がかすかに見えてきた。いよいよヨーロッパだ。

汽車に初めて乗った井上勝

先にロンドンに着いたのは、上海を後から出帆した井上勝、山尾庸三、遠藤謹助が乗ったホワイト・アッダーだった。横浜を出てから四カ月、一八六三年一〇月末（文久三年九月中旬）のことだ。井上馨、伊藤俊輔を乗せたペガサスは遅れること数日、一一月四日にロンドンに着いた。

長い間別れ別れになっていた五人は再会した。どんなに嬉しかったことだろう。五人ともよく無事だった。船員同様の、いや船員にも「ジャニー」とあざ笑われたのだから船員以下の扱いと労働を負わされ、粗食以下のひどい食べ物に耐え、誰一人、倒れなかった。病気や疲労、あるいは事故で死んでいても、彼らの置かれた状況を考えれば少しも不思議ではないのである。五人の強靭な体力、いや、精神力といったほうがいい。本当に刮目《かつもく》ものだ。さすが、武士である。

ところで五人は、ロンドンに着いてすぐに汽車に乗ったようだ。ちょくちょく引用している井上馨の伝記『世外井上公伝』には、ペガサスがロンドンのクリッパー用のドックに入港し、馨と俊輔はジャーディン・マセソン商会から迎えが来るからそのまま船の中で待っているようにといわれている。

もっともあまりの空腹に耐えかねた馨は船の外に出て、町で見つけた大衆レストランで塩漬けの豚肉とパンと半熟の卵を食べ、船で待っている俊輔のため同じものを一人分、今でいうテイクアウトを頼んだ。だが、その勘定の高さに閉口したという記述がある。しかし、着いて早速行動に出て、仲間の食料をも確保するあたり、馨はさすがであり、やっぱり五人のリーダーだ。

腹ごしらえできた船の二人のところにようやく、ジャーディン・マセソン商会の社員が迎えにやってくる。そして二人を汽車に乗せ、アメリカスクウエアにあるホテルに連れて行った。そこには先に着いていた三人がいた。前述の、五人が再会を喜び、「歓喜の情に耐えず覚えず互に抱擁して無事を祝した」(『世外井上公伝』)のはこのホテルでのことだ。

つまり、馨と俊輔が汽車に乗ってこのホテルに来たわけだから、先に来た勝、庸三、謹助も当然、汽車に乗っている。勝はきっと、この煙を吐き、蒸気の力で動く鉄《クロガネ》の塊を生まれて初めて見て驚愕し、乗ってさらに興奮し、そして虜《とりこ》になったに違いない。「鉄道の父」への道は、この瞬間に始まったのである。

さて、ロンドンで五人はジャーディン・マセソン商会の総帥であるヒュー・マセソン(Hugh Matheson)から親身な世話を受ける。なかなかの人物だったらしい。このマセソンの人的ネットワークによって、五人はユニバシティ・カレッジ・ロンドン、通称UCLのアレキサンダー・ウィリアム・ウィリアムソン（Alexander William Williamson）教授に身を委ねてゆく。いよいよ五人のロンドンでの留学生活が始まるわけだが、その前にまず、彼らが学ぶことになるUCLとはどんな大学なのか。次の章で述べたい。

＊1　仮に前章で述べた一両＝六万三〇〇〇円で換算すれば、二〇万両＝一二六億円という途方もない額になる。留学生の経費だけでこれだけ出せる薩摩藩の財政力はどれだけのものだったか。

第五章　ＵＣＬとはロンドン大学

ＵＣＬはロンドンのど真ん中

ロンドン中心部にあるユーストン駅（Euston Station）。スコットランドのグラスゴーに向かうウェスト・コースト本線（West Coast Main Line）の起点となっているターミナル・ステーションであり、地下鉄ノーザン・ラインとヴィクトリア・ラインとも連絡している。このユーストン駅から南西方向に歩いて五分、ガワー・ストリート（Gower Street）に面したところに、国際色豊かな若者たちが盛んに出入りする、とある建物の門がある。

その門の前に立つと、前庭の中を延びる通路の奥に、ドームを上部に戴いたギリシア神殿風の建築物が視界に飛び込んでくる。ユニバシティ・カレッジ・ロンドン、通称ＵＣＬのメイン・ビルディングである。この門から見たその姿はとてもバランスよく、美しく、いかにも学問の府という趣だ。この大学のベストアングル、といっていい。

でも、どこか既視感のある建物だ。どこで見たのか？　そう、トラファルガー広場にあるナショナル・ギャラリーの建物に似ている。というかそっくりである。それもそのはず、この二つは近代イギリスの高名な建築家、ウィリアム・ウィルキンス（William Wilkins　一七七八―一八三九）の手になるギリシア復興様式（neo-Grecian design）の建築物だからだ。ウィルキンスはＵＣＬのメイン・ビルディングを設計した四年後、ナショナル・ギャラリーに取りかかっている。

海外から来た学生が約半数

こんな特徴ある外観のＵＣＬは、イギリスの首都ロンドンのど真ん中に位置する大学である。ＵＣＬの門の前からガワー・ストリートを南にほんの五、六分ほど行ったところ、ＵＣＬの裏といった感覚の地点には大英博物館があり、またそこからすぐのところには地下鉄ノーザン・ラインとセントラル・ラインが交わるトッテナム・コート・ロード駅がある。

この駅からさらにチャリング・クロス・ロードを南に下れば『ハリー・ポッターと呪いの子』を上演しているパレス劇場にぶつかるし、ここを右に曲がってシャフツベリー・アベニューを行けば、そこはソーホー、チャイナタウン。

パレス劇場を右に曲がりたくなければ、そのまま真っすぐチャリング・クロス・ロードを歩くと繁華街のレスター・スクウエアに出る。ここまで来ればナショナル・ギャラリーは目前だし、そこはもうトラファルガー広場だ。ライオン脇の石段に座って一休みし、再び南に向かってテムズ川沿いを進むにつれ、どんどん大きくなって迫ってくるビッグ・ベン、そしてウェストミンスター寺院となる。こんなウォーキングを、筆者はＵＣＬの講義が終わったあとでちょくちょくした。この大学を起点に歩けば、ロンドンがこれだけ堪能できる。

よく、ロンドンはイギリスの中にあってイギリスではない都市だといわれる。その国際性、住民の人種的および宗教的多様性などが、この街に独特のコスモポリタニズム的雰囲気を創り出してきた。そんなロンドンの中心に位置し、このグローバル都市にふさわしい大学がＵＣＬである。

ＵＣＬは文系から理系まで一一の学部（faculty）を擁し、これまでに二九人のノーベル賞受賞者（二〇一九年現在）を輩出しているイギリスの総合大学である。学生総数は四万二一〇〇人。そのうち、海外から来た学生の割合は四八パーセントと、約半数を占めている。卒業生も世界一九〇カ国において二五万人が活躍している。London's Global University――現在のＵＣＬ

UCL（University College London） 提供：Alamy/PPS通信社

のスローガンの如く、まさにグローバルを地で行く大学だが、これら多数の海外からの留学生のパイオニアともいうべき存在が、長州ファイブだった。

ＵＣＬは、そんな五人がロンドンに着く三七年前の一八二六年二月、創立された。本物語の冒頭でも触れたように、ＵＣＬができる以前は、イギリスの大学はオックスフォードとケンブリッジの両大学だけだった。しかもこの両校に入学できるのはアングリカンだけに限られていた。したがって大部分のプロテスタント、カソリック、ユダヤ教徒といった非アングリカンの子弟は、大学に入りたくても入れなかったのである。

それでも長い間は、こういう教育事情でもさして問題がなかった、いや問題がなかったといえば変だが、それで通してきた。しかし近代になるとイギリスの状況が劇的に変わってくる。

教育の機会均等を求める波

一八世紀後半に始まったイギリスの産業革命は、農村から都市へと労働力の大きな移動をもたらした。同時に、ヨーロッパ各地からの人々の流入も増え、イギリスの人口は都市部を中心に大幅に増加し、一九世紀前半までにはこの国の総人口はそれ以前の二倍になったといわれている。こんな産業革命のさらなる進行にともなって、ロンドンなど大都市部では新興中産階級層が形成されてくる。

そして、これら新時代を担う人々にとって大きな問題になったのが、子弟たちの教育だった。なぜなら彼ら都市中産階級には非アングリカンも多く、高等教育を自らの子弟に受けさせたくとも、イギリスに二つしかない大学、すなわちオックスフォードやケンブリッジには入りようがなかったからだ。

時は一九世紀、ヴィクトリア時代の最盛期で科学と技術が著しい進歩を遂げつつあった。チャールズ・ダーウィン（Charles Darwin）の進化論は、科学はもとより社会・思想界にも大きな影響を与え、ジェレミー・ベンサム（Jeremy Bentham）やジョン・スチュワート・ミル

(John Stuart Mill) らが唱える自由放任主義は、政治経済界はもとより多くの人々に変革の気風をもたらしていた。これら新たな時代の波は、硬直した高等教育界においても教育の機会均等を求める声として押し寄せていた。

建学の精神的父ベンサム

そんな中、当時の二つの大学しかない状況を痛烈に批判したのが、法学者であり哲学者のベンサムだった。ベンサムはわが国でも「最大多数の最大幸福」(the greatest happiness of the greatest number) の言葉で知られている功利主義者 (utilitarian) であり、彼はオックスフォードとケンブリッジの両大学を「二つの社会的大迷惑物」(the two great public nuisances) あるいは「政治的腐敗の宝庫かつ温床」(storehouses and nurseries of political corruption) といってのけている (*The World of UCL 1828-1990*)。

ベンサムは、教育というものは人々に広く享受されるべきものでなければならず、富のある者たちやアングリカンだけのものでもなければ、既存の二つの伝統校だけのものでもないとの強い信念を抱いていた。そしてベンサムは、「自由主義者たちの組織」(an association of liberals) として、一つの大学を創らなければならないと説いた。このベンサムの考えを具現化したのがＵＣＬである。イギリスで初めて人種、宗教、政治的信条を問わずあらゆる人々に門戸を開いた、学問の自由を存立理念とする大学の登場だった。

よって、こんな経緯ゆえにベンサムはＵＣＬの創立者であると、イギリスでは人々に広く信じられている。正確にいうとそうではない。ＵＣＬが誕生した一八二六年にはベンサムは七八歳の高齢であり、直接の創立事業には携わっていない。

実際に大学の発起人に名を連ね、創立に尽力したのは、ベンサムの強力な支持者で友人の詩人トーマス・キャンベル（Thomas Campbell）や、ベンサムを信奉しベンサマイト（Benthamite ベンサム主義者＝功利主義者の意味）と自らを呼んだ法律家で政治家のヘンリー・ブルーム（Henry Brougham）、さらには哲学者のジェイムズ・ミル（James Mill）を初めとした自由主義者たちだった。したがって、現在ＵＣＬにおいては、ベンサムは建学の「精神的父」（spiritual father）であり、これら創立者たちの「師」という位置づけである。

ところでベンサムは今もＵＣＬにいる。えっ、どういう意味かって？　そのまんまの意味である。ご当人がいらっしゃるのである。その話はまたあとで。

もともとの名はロンドン大学

こうしてイギリスの高等教育界に登場してきたＵＣＬは、そもそもの名前を「ロンドン大学」（University of London）といった。最初はユニバシティ・カレッジという大学名ではなかったのである。もちろん、現在ロンドンには、ロンドン大学という名の組織はある。しかしそれは、単体の大学ではない。今日のロンドン大学とは、ロンドンにある二〇以上のカレッジの集合体の総称である。

例えばキングス・カレッジ・ロンドン、ロンドン・スクール・オブ・エコノミクス（ＬＳＥ）、ロンドン・ビジネス・スクール（ＬＢＳ）、東洋アフリカ研究学院（ＳＯＡＳ）、クイーン・メアリー、ロイヤル・ホロウェイ、ゴールドスミス等々……これらのカレッジはそれぞれ独立した教育機関だが、一つのグループを作っている。そのグループの名前、各カレッジの集合体の名前がロンドン大学なのだ。もちろんＵＣＬもロンドン大学グループの一員である。繰り返すが、ロンドン大学という単体の大学自体はない。あくまでもカレッジグループの総体として存在する組織である。

そういう意味でグループの各カレッジを統括する機能はあり、本部ビルも一応ある。一応とはいっても大変立派な建物であり、「セネタ・ハウス」（Senate House）と呼ばれていて、ＵＣＬのすぐ裏にある。ここには厖大な蔵書を持つ図書館があり、当然、各カレッジの学生はこの図書館を使える。むろん学生たちには各自のカレッジの図書館もあるから、二館自在に利用できるわけで、これはとてもありがたい。まあ、この各カレッジとロンドン大学の関係は、われわれ日本人には少しややこしいかもしれないが。

ではなぜ、もともとロンドン大学だった名前が、ユニバシティ・カレッジへと変わったのか。いや、正確にいおう。変わらざるを得なかったのか。それは、ひどい「苛《いじ》め」に遭ったからだ。

保守勢力からの散々な嫌味

ロンドン大学は、創建された当初から、オックスフォード、ケンブリッジ両大学の出身者が多いイギリス政府の保守派層や、国教会系の人々・団体から激しく攻撃された。ロンドン大学はその非宗教的スタンスをもって「過激な無信心者の大学」(the radical infidel college) あるいは「ガワー・ストリートの神なし大学」(the godless institution of Gower Street) と揶揄《やゆ》されたり、誰でも受け入れる平等性ゆえにロンドンの下町の人を指す言葉で「コックニー・カレッジ」(Cockney College) ともからかわれた。

こんなロンドン大学苛めの状況は、当時の風刺画にも残っている。ある画では、ロンドン大学の創立者の一人ヘンリー・ブルームが「若い人のスピリット(魂)を鍛え育てる教育の仕事は喜びである」といいながら、鍛冶屋の出で立ちで鋼《はがね》をハンマーで叩いて鍛えている。そのブルームを取り囲んで見ている酔っぱらった労働者風の人々が、「スピリット！　そう、ジンはいいねえ」と、スピリットを安い蒸留酒に引っ掛けてあざ笑っている。

また「キングス・カレッジ対ロンドン大学」（Kings College versus London University）という題の風刺画では、シーソーの一方の端に乗ったキングス・カレッジを表す太った国教会の司教たちが、反対側の端にいるロンドン大学のやせ細った学者たちを軽々と持ち上げている。シーソーのキングス・カレッジ側には、ぎっしりお金が詰まった袋がさらなる重しとしてぶら下がっている。ロンドン大学側の面々は必死の形相で書物を頭上に抱えもち、「良識と科学」（sense and science）と書かれた袋を一人の足で何とか吊《つ》り下げている。

コックニー・カレッジ（Cockney College）風刺画

このキングス・カレッジとはロンドン大学に対抗するため（潰すため）、国教会勢力側が一八三一年にロンドンに開校させた大学である。ロンドン大学が誕生してからわずか五年後だから、いかに国教会側が危機感を抱いていたかがわかる。現在では前述の通り、このキングス・カレッジもUCLと同様、同じロンドン大学を構成するカレッジの一つだが、こういった経緯から両校は今も複雑なライバル関係にある。

キングス・カレッジ vs. ロンドン大学 風刺画　©The Trustees of the British Museum.

「ユニバシティ」を使うな！

しかし、何よりもロンドン大学がマークされた理由は、その名前だった。実質的にカレッジの規模にすぎないロンドン大学が、オックスフォード、ケンブリッジ両大学と同じ「ユニバシティ」という大仰な言葉を使っているところが、保守勢力の癪《しゃく》に障ったのである。もちろん保守勢力とは、国教会派の人々やオックスフォード、ケンブリッジ両大学当局、そして保守政党のトーリー党（現在の保守党）といったところである。彼らにとってユニバシティとは、国教会とも深いつながりを持った、伝統ある大規模な学究機関でなければならず、無宗教性を看板にすることなど考えられないことだった。

したがって創立直前の一八二五年、発起人のブルームらがロンドン大学という名前で時のトーリー党政府に教育機関としての公的認可を求めたところ、即日拒否されるという有り様だった。一八三〇年にもブルームらを中心とする大学の評議会は、ロンドン大学という名称での認可を政府に申請している。この時はホイッグ党（現在の自由党）の政権だったが、オックスフォード、ケンブリッジ両大学の横やりが入って、またも認可は拒絶された。その後も大学側はロンドン大学という名前での認可を政府に求め続けた。だが、結局駄目だった。

政府から大学の認可がもらえないのは、当たり前だが大変なことである。国に認められていない大学が学生に与える学位は、公的なものとしての権威を持たない。これは学生募集には致命的である。寄ってたかってのひどい苛めである。

結果、ついにロンドン大学は当局と妥協する。一八三六年、一〇年間続いた大学名をユニバシティ・カレッジへと改めたのだ。高等教育機関ではあるがユニバシティではなくカレッジとして、国の正式認可をもらい再スタートしたのだ。

これにより、これまでのロンドン大学という名称は、キングス・カレッジやユニバシティ・カレッジなどロンドンにできつつあったカレッジの集合体としての名前となり、現在まで続いている。ユニバシティ・カレッジは、今日では末尾にロンドンをつけてユニバシティ・カレッジ・ロンドン、すなわちＵＣＬという正式名称となっている。

ロンドンっ子は知っている

それにしても、「ユニバシティ・カレッジ」とは変な名前だなあと、母校ながらつくづく思う。なぜって、同じ大学を意味する単語のユニバシティとカレッジが続いていて、日本語に訳せば「大学大学」となるからだ。どう考えてもへんちくりんだ。イギリス人、とりわけＵＣＬに親近感を持つロンドナー（Londoner=ロンドンっ子）はともかく、少なくとも筆者の知人のカナダ人もアメリカ人も、ユニバシティ・カレッジと聞いて、ヘンな名前だという。

かつてＵＣＬにいた時、先生の一人からいわれたことがある。当局と妥協してカレッジになるという苦渋の決断をした時、ロンドン大学の当事者たちは、それでもユニバシティという言葉だけは絶対に手離したくなかった。そこで、カレッジはカレッジでもユニバシティ・カレッジという大学名とし、ゴロの良し悪《あ》しや意味のへんちくりんさはともかく、当局に気骨を示したのだと。

おお、いい話だ、さすが、反骨の大学ＵＣＬだと、聞いた時思った。ただし、この話、その後いくら調べても裏が取れない。裏が取れない以上、本当にあったこと、すなわち史実としては認められない。でも話としてはとても魅力的で、いかにもＵＣＬの連中ならやりそうだ。だからあえて紹介した。まあ、面白すぎるので作り話だろう。いや、ひょっとしたら、口伝えでこういうことだったんだよと、継承されてきたのかも。

ともあれ、ロンドンっ子の間では、ＵＣＬがその昔ロンドン大学と名乗っていたことは案外知られているようで、ロンドンでタクシーに乗って、"Take me to University of London, please" というと、たいていＵＣＬへ連れて行ってくれる。セネタ・ハウスにはまず行かない。人々はちゃんと歴史を知っているのである。

わが国でも、テレビのニュースや新聞、雑誌、ウェブなどではＵＣＬのことをロンドン大学と伝えているケースがほとんどだ。まあ、間違いではない。もっとも同大学グループに属しているカレッジはみなロンドン大学となるのだが。

ＵＣＬ名物オートアイコン

ところでベンサムである。さきほどベンサムがＵＣＬにいるといったが、これは本当だ。ＵＣＬのメイン・ビルディング南回廊のコーナーには厨子《ずし》のような木製の特別キャビネットが置かれていて、その中には往時の服を着て椅子に座ったベンサム本人がいる。これがＵＣＬ名物の「オートアイコン」(Auto-Icon) である。

オートアイコン（Auto-Icon）
提供：アフロ

要するに、一九世紀当時最先端の医学・解剖学技術を駆使し防腐処置が施されたこの哲学者の本物の遺体ということだ。残念ながら頭部だけは処置に失敗し、見るに堪えない恐ろしい状態になってしまい、代わりの蠟《ろう》製レプリカの首が胴体に載っかっている。

ベンサムは遺言によって自分の遺体をこのように、腐敗しないように処置し、生きているかの如くの姿で残せといった。けれども、なぜこうしたのかという肝心の動機は遺言には何も書かれておらず、真意は今もって不明である。

よく聞かれるのは、自分の体が死後ただ朽ちてなくなっていくのはなんとももったいないから、腐らないようにしてどこかに飾っておけば、後進たちの自己啓発になるとベンサムは常々考えていた、というものだ。いかにも功利主義者ベンサムらしく、もっともらしく聞こえ過ぎるゆえにこれは嘘《うそ》であろう。

誘拐された「頭」

ただ、ベンサムが建学の精神的父であることを考えると、少々オカルティックではあるが、UCLにこういうものがあるのは不思議ではない。そして、こういうものがあるゆえに、UCLのライバルというか宿敵キングス・カレッジの学生たちにとって、このオートアイコンはしばしば恰好の攻撃対象になった。

現在は違うが、かつてはベンサムの本物の頭はオートアイコンの足元に置かれていたようで、キングス・カレッジの学生たちがそれを盗んで彼らの大学の中庭でサッカーボールにして遊んだというフェイクニュースもあるほどだ。

実際、一九七五年一〇月にキングス・カレッジの学生たちはベンサムの本物の頭を「誘拐」し、一〇〇ポンドを「身代金」として慈善事業団体に寄付しろと要求した。これに対しUCLは交渉の末、一〇ポンドを寄付することで合意し、無事頭部を返してもらったという。今ではベンサムの頭はそういう目に遭わないよう、大切に保管されている。保管場所はトップシークレットである。また、一九九〇年には実物ではなく蠟製の頭部レプリカも、キングスの学生たちが持っていってバーで騒いでいたこともある。

かようにご難続きのオートアイコンではあるが、筆者にとっては大変ありがたいご神体だった。レポート提出や試験の前になると必ずオートアイコンの前に来て、「ベンサム先生、お願いします。どうか試験、通してください」と頭を下げ柏手《かしわで》をうった。するといつも先生は通してくれた。じつにご霊験あらたかな、ご利益いっぱいの学問の神様だった。

なんという幸運!

さておき、勝《まさる》、馨、俊輔、庸三、謹助の長州ファイブがロンドンにやってきた一八六三年は、だからもうロンドン大学という名前ではなくユニバシティ・カレッジに改称してすでに二七年を経ていた。その間も、オックスフォード、ケンブリッジの両大学は非アングリカンに寛容とはいいがたかった。

しかし、時の流れにさすがにそれではまずいと、両校は徐々に改革していったわけだが、教職員も含めた非アングリカン除外の状態が完全に解消されるには、一八七一年の大学審査法(University Tests Act)の成立を待たなければならなかった。

したがって、もし五人がロンドンに来た時にUCLがなかったら、彼らは大学で学ぶことはほぼ不可能だった。しかも、UCLは宗教、人種を問わずすべての人々が高等教育を享受できるよう開校した大学だったから、はるばる海を渡ってやってきた彼らは、まさにUCLの理念にぴったりの学生だった。五人はUCLに歓迎されこそすれど、排斥されたりすることは微塵《みじん》もなかった。

加えて、ジャーディン・マセソン商会の総師ヒュー・マセソンから五人を紹介されたアレキサンダー・ウィリアム・ウィリアムソン教授は、そんな自由・平等のUCL精神を具現化したような、ミスターUCLともいうべき人物だった。まさに日本の夜明けという絶妙のタイミングに、学問の門戸開放を掲げた絶妙の大学がロンドンにあり、そして五人を世話するこれ以上ない先生がいた。こんな幸運はなかった。

第六章　スタートした留学の日々

ウィリアムソン教授登場

　勝《まさる》たち五人の面倒を見ることになったUCLのウィリアムソン化学教授とはどんな人だったのか。一八二四年、ロンドン南西部のワンズワースに生まれた彼は、長じてドイツのハイデルベルク大学に入学する。当初は医学を学ぶが、ほどなく化学に魅せられギーセン大学に移る。そこには、当時世界にその名を馳《は》せた化学者ユストゥス・リービッヒ（Justus Liebig）がいた。彼はリービッヒに師事して化学を修め、博士号を取得する。

　その後パリで数年間化学を研究し、一八四九年にUCLの化学教授に迎えられる。そして、実用化学および分析化学の研究の道に邁進する。

　それにしても二五歳という若さでの教授就任である。ちょうど一九世紀の半ばは、国教会を始めとしたキリスト教勢力から目の敵にされていたチャールズ・ダーウィンが、無神論者のたまり場と世間でいわれていたＵＣＬを選んで、科学界どころか社会や人々の意識も大変革する『種の起源』を発表した頃である。

そんな、科学が急激に進歩を遂げている時代にあっては、天才的な学者がいっぱい輩出され、例えばウィリアムソン教授のように若くして大学教授になった人物がいても、それはまったく不思議なことではない。

化学のパイオニア

実際、ウィリアムソン教授が素晴らしい頭脳の持ち主だったことは確かである。その証拠に、ＵＣＬの教授に就任してすぐの一八五〇年、彼は自身の名を今もとどめている有名なエーテル合成法である「ウィリアムソンエーテル合成」(Williamson ether synthesis) を発表するという、化学界における一大金字塔をうち建てる。

その後もウィリアムソン教授の化学界への貢献は大きく、ＵＣＬはもちろんイギリスを代表する著名な学者になるとともに、ロンドン化学協会会長という英国化学界の要職に生涯で二度就任している。

アレキサンダー・ウィリアム・ウィリアムソン　提供：Science & Society Picture Library／アフロ

　大学においては学部長を務めた後、一八八七年、六三歳でＵＣＬを退官するが、その大学での晩年は、学者としての研究というよりは、当時次第に増えつつあったロンドン大学グループを構成する各カレッジとの間の、意見や対立点の調整といった大学のポリティクス対応に忙しかったと記録されている。

　こんな、研究も大学行政も、そしてもちろん学生教育もこなしタフな印象があるウィリアムソン教授は、しかし身体的ハンディキャップを負っていた人でもあった。小さい時から左腕は麻痺《まひ》してほとんど動かず、右目は失明していた。それらの障がいをものともせず、これほどの実績を残してきたのだから、天性の聡明さもさることながら、教授は疑いなく努力の人でもあった。

　このウィリアムソン教授のもとにヒュー・マセソンからコンタクトがあり、五人の若きサムライを預かることになったのである。ＵＣＬの歴史に、もう一つウィリアムソン教授の名を残す「仕事」が始まる。時に教授三九歳。男盛りにさしかかった頃だった。

住居が決まる！

何はともかく、まずウィリアムソン教授は勝たち五人全員を自分の家に連れて行った。教授の家は、ＵＣＬから北西方向に数キロ離れた、現在の地下鉄ノーザン・ライン（エジウェア支線）のチョーク・ファーム駅近くにあるプロヴォスト・ロード沿いの住宅街にあった。教授はそこでエマ・キャサリン（Emma Catherine）夫人と、二人の小さな息子と娘の四人家族でささやかな暮らしを営んでいた。

そこに五人が来たのである。彼らにとっては初めて接するイギリス人の、いや外国人の普通の家庭だった。勝たちは、自分たちが育った日本の、長州の家と比べその違いに興味津々だったことだろう。上《あ》がり框《かまち》のない平坦《へいたん》な玄関、靴を履いたまま入っていく慣習。

もちろんそのあたりのことは、ロンドン到着直後のホテル住まいの時にも、さらには横浜のイギリス領事官を訪れた際、あるいは上海のジャーディン・マセソン商会に行った時にも経験していたはずだ。だが、一般家庭でもそうだとわかった時の「これが外国か」という感慨は、またひとしおだったと想像する。

けれども、五人全員の面倒を見るには、教授の家はさすがに狭かった。それはそうだ。家族四人に加え、大人を五人も住まわすことができる家は、いくらロンドンでもそうそうあるものではない。

で、今回も人的ネットワークの豊富なヒュー・マセソンの斡旋《あっせん》で、井上馨と山尾庸三の二人はUCLと同じガワー・ストリートの、したがってUCLのすぐ近くの、当時名の通った風俗画家だったアレキサンダー・M・クーパー（Alexander M. Cooper）のフラットに移ることになった。一方、井上勝と伊藤俊輔、遠藤謹助の三人は引き続きウィリアムソン教授の家で暮らすことになった。

勝と俊輔の絆

ここで五人が二組に分かれたのは重要である。とりわけ勝と俊輔が同じウィリアムソン教授の家で暮らすようになったのは、二人の絆をさらに深めただろう。勝と俊輔は長州藩が幕府に命じられた沿岸警護の任の際、相州において初めて出会った。またその後も長崎で再会し、お互いの年齢が近いこともあって友情を深め合った。

ちなみに伊藤俊輔は魅力的な人物だったという。俊輔がこのロンドン留学時代に知り合った友人にオックスフォード大の学生ミトフォード（Mitford）という人物がいる。ミトフォードは一八六六年（慶応二年）から一八七〇年（明治三年）まで駐日英国公使館の書記官を務め、また一九〇六年（明治三九年）にはリーズデール公（Lord Redesdale）として再び来日している。『伊藤博文伝』（上巻。ルビは筆者）によれば、その彼が自らの回想録に伊藤俊輔のことをこう記したとされている。

「彼は精悍《せいかん》にして野趣満々たる所は正《まさ》に隼そのまゝであり、冒険好きにて、無類に陽気なる青年、それでいざ仕事となれば、精確且つ機敏、如何《いか》にも天稟《てんぴん》の高鳴りする人物なりき」

明治になって俊輔は馨と同じ政治の道を、勝は技術官僚の道を歩んでいくが、日本に鉄道を敷くという事業では、二人はそれぞれ政治から、現場から、立場は違えど見事な共同歩調を取る。それも俊輔のこうした器の大きい性格に加え、このウィリアムソン教授の家で一緒にしばらく暮らしたことが育んだ二人の関係の深さによるものが大きいだろう。

さらに勝にとって、親身なキャサリン夫人がいるウィリアムソン教授の家で世話になったことは彼の生涯で決して忘れられない、いや忘れてはならない思い出となった。それだからこそ勝は最晩年、病軀《びょうく》を押して再びこの地に戻ってくるのである。

まずは英語力の基礎

住むところはこうして決まった。だが、もっと問題なのは彼らのコミュニケーション能力である。何しろ勝を除いては英語がほとんどわからない。その勝のレベルとて見てきた通りだから、何をやるにしてもロンドンの生活に大きな支障が出る。基礎的な英語力を身につけるのは喫緊の課題であり、当然このことをよくわかっているウィリアムソン教授はアクションを起こす。

まずＵＣＬに入る前に最低限の英語の力を養うべく、教授は毎夜、時には朝も自分の家にクーパー邸に住んでいる馨と庸三も通わせて、五人に英語を教えることにした。この「英語教室」は勝たち五人がＵＣＬに入学してからもずっと続く。

彼らも、教授に教えてもらうばかりではなく、自ら英語の習得に日々取り組んだ。日本から持ってきた唯一の英和辞典『英和対訳袖珍辞書』を頼りに、何とか現地の新聞を理解しようと懸命に記事と格闘し、英語漬けの環境の中に進んで身を置いていく。

今みたいにロンドン中に日本人がいるわけではないし、日本食レストランやラーメン屋、寿司《すし》パックが売られているスーパーなんてない。ましてや、いざとなれば駆け込める日本の大使館や領事館なんてあるはずがない。

日本語を話すのはこの五人しかいないのである。しかも五人は三人と二人に分かれて住んでいる。だから英語がわからなければ、本当にとんでもないことになる。洗濯はどうする？ 服や靴はどこで買う？ そういったことは全部英語で聞かなければならない。だいたい、彼らは「人の器械」となって帰らなければならないのである。英語が難しいなんて、そもそもいっていられる状況ではない。英語が身につかなければ、それこそハラキリものなのである。

必死ゆえの英語のすごさ

この先話していくことになるが、馨と俊輔の二人は長州藩に無謀な攘夷の決行を止めさせるべく、ロンドンに来てわずか半年ちょっとで日本に帰国していく。結果的に長州藩は外国艦隊に敗れ、停戦交渉となる。その際、藩の全権として交渉に臨んだ高杉晋作と共に、馨と俊輔は通訳として会談に立ち会っている。

二人にとってはわずかなロンドン滞在だった。けれども決して流暢とはいかないまでも、彼らの英語力はこの時代の日本人にとっては通訳に十分足るものとして捉えられたわけである。ロンドンにおける彼らの英語学習の集中力のすごさがわかる。

　ましてや遠藤謹助、さらには五年の留学期間を全うして帰国した井上勝と山尾庸三の英語は、パーフェクトなレベルに到達していた。勝は帰国後ほどなく、明治維新直前に幕府老中の小笠原長行《ながみち》が江戸―横浜間の鉄道敷設権をアメリカの外交官ポートマンに認めた件、いわゆる「ポートマン事件」の解決のため、大隈重信や俊輔から改名した伊藤博文ら明治政府要人の通訳として、時のアメリカ公使デ・ロングとの折衝に臨む。『井上勝伝』によれば、その会談後、勝はデ・ロングから笑顔で次のようにいわれたという。

「ミスター・井上。あなたの英語には感心しました。問題の解決はみられないで残念だが、われわれと同じように英語の話せる人が、日本人のなかにいるということを知っただけでも、今日の会見の意義があったように私には思われます。」

「これを成し遂げる」という明確な目的と強い意志を持った人が死に物狂いで外国語を学ぶ時、必然的帰結として堪能な語学力は身についていく。
　現在、日本企業が進出しているイギリスやアメリカなど英語圏の多くの都市においては、日本語だけで完結できる生活環境ができ上がっている。そういうところに海外赴任で何年も暮らしながら、英語がほとんど身につかずに帰ってくる人は少しも珍しくない。五人は、五人以外に日本語を喋《しゃべ》る人間がまったくおらず、日本的なものが何もない時代のロンドンで、後はない覚悟で英語を自分のものとしていったのだ。

分析化学を学ぶ

ともかく、こうして基礎的な英語力を磨きながら、いよいよ五人はウィリアムソン教授に率いられてＵＣＬで学ぶことになる。形式としては聴講生という学生の身分でＵＣＬに入学したのだ。一八六三年（文久三年）一一月下旬頃である。彼らが最初に揃って学んだ科目は、分析化学（analytical chemistry）だった。

なぜ分析化学かというと、その理由はいろいろある。まず五人の面倒を見ているウィリアムソン教授の専門が化学であり、その教授から直接講義を受けられることは五人にとって大変ありがたいことだった。

さらに分析化学といった理系の授業は、基本的に実験中心の実習科目であり、教授の話をしっかり聞いたり、意見をいったりする講義中心の文系の科目とは違って、英語にハンディがあっても受講しやすい。つまり実験を核とする学問は結果を明確に知ることができるよさがある。

現在の留学事情においても、このことはあてはまる。イギリスの場合、一般的に理系の学科に留学を希望する者は、文系への留学に比べ高い英語力を要求されない。文系の学科、例えば法科は、それはもう英語力そのものの世界である。難解な法律文の理解力や解釈力、極論すれば裁判に勝つためにいかに法律を有利に操れるかという能力を養う世界でもあるから、言語能力すなわち英語力が優秀でなければ話にならない。

また文学科の場合もそうで、もうこれは文章と文字とヒューマニズムの、つまり言葉で表現する感情、感性の学問だから、生半可な英語力では立ち向かえない。要するに語学的に不利な留学生にも情け容赦ない文系の学問に対し、実習や実験重視の理系はわかりやすいし、ストレートな理論の学問だから法律や文学のような高度な「ひねくれた」英語力は要求されない。基礎的な言語力でも対応可能だ。

近代文明の洗礼

そうした理由に加えて、そもそも分析化学は面白いのである。分析化学とは、地球上には多彩な物質があるが、そうした一つ一つのモノの中にはどんなものが、どれだけあるのかを探るものであり、またその探り方（分析法）を開発する学問だ。

今は、液体クロマトグラフィーやガスクロマトグラフィーといった高性能・高機能の技術を用いて物質の成分分析を迅速に行えるが、この学問のそもそもの草創期は、UCLにウィリアムソン教授が登場した一九世紀前半あたりからということになる。

分析化学という学問を現代的な例で説明すれば、例えば、ある人はキレのあるビールが美味《おい》しいといい、別の人はコクのあるビールが美味しいと主張する。ならばビールにはどんな成分があって、その中のどんな物質がキレやコクに関係しているのか、といったことも分析化学の対象である。だから、より美味しいビールの製造開発に、この学問は大いに役立つし、欠かせない。

ましてや始まったばかりのウィリアムソン教授の頃は、それこそ周りはみな分析対象だった。化学者《ケミスト》を含むすべての科学者《サイエンティスト》たちは、この世の物質の構成を、成分を解明するという、これぞサイエンスの醍醐味《だいごみ》といったこの新たな学問に、大いに興奮していた。

まさに分析化学は科学社会の開化を告げる、実験を通じ「眼で捉えられる学問」であり、帰国後日本の文明化、産業化を担うことになる五人が、新時代に向けた意識革命を成し遂げるための最初の科目としては最適だった。初めて化学実験に臨んだ五人は、実験器具の中で展開する多彩な化学変化、反応に眼を見張っただろう。近代文明の洗礼である。

進むべき道の選択

同時に五人は、ＵＣＬでの授業の合間に、ロンドンの各地に出かけた。ただの物見遊山ではない。造船所、博物館、美術館、銀行などを見学に訪れ、西洋文明の知識吸収に努めたのだ。軍事に関心がある伊藤俊輔は大砲製造所、軍艦建造所なども訪れたという。

さらに年が変わって一八六四年（文久四年）一月二二日、ＵＣＬに入学してから二カ月ほどたった頃、五人はイングランド銀行（Bank of England）を見学した。ここは紙幣を発行するイギリスの中央銀行であり、五人は紙幣が製造される様をそれぞれの眼でしっかり確認し、近代国家というものを実感した。

このような、各自が能動的に動くロンドンの日々の中で、五人それぞれの学ぶべき方向が次第に固まりつつあった。井上馨や伊藤俊輔が兵事から法律、政治を学ぼうとしたのに対し、井上勝や山尾庸三、遠藤謹助は工業を志向した。わけても勝は鉄道を、そして鉱山を学習する決意をした。鉱山は機関車の燃料である石炭を産出するところだから、鉄道を学ぶには鉱山の勉強が不可欠であることを勝はわかっていた。あのホワイト・アッダーに乗って長い航海の末、ロンドンのドックに着き、そこからホテルまで初めて乗った汽車。この体験に魂を揺さぶられた勝は、日本に鉄道を走らせるという信念を固めていたのである。

勝からこの決意を聞かされた時、俊輔はなぜ鉄道と鉱山なのか、と聞いた。すると勝は、日本を出る時は外国の何もかも勉強するつもりでいたが、それでは駄目だとロンドンについてわかったと答え、そして馨や俊輔が兵事、政治、法律をやるのだから、我ら三人が工業方面を手分けしてやるのが一番よく、それでこそ日本の文明の基がつくれると語ったという（『井上勝伝』）。

別の話では、年長の馨が五人の学ぶものが互いに重ならないように指示したともある。どのみち、五人の間では政治肌の馨と俊輔、そして技術・実務派の勝、庸三、謹助といった大まかなグループ分けはすでにできていたから、お互いの学ぶべき方向性は問題なく決まったと見ていい。

長州ファイブ：前列左から志道聞多（井上馨）、山尾庸三　後列左から遠藤謹助、野村弥吉（井上勝）、伊藤俊輔（博文）提供：毎日新聞社/アフロ

日本の急変

それにしても、五人が勉強の間に見学して

回ったロンドンの各施設が、彼らの進む道に決定的な影響を与えたことは、もう疑いようがない。遠藤謹助にとっては、造幣局やイングランド銀行を訪れたことが大変なインパクトになった。謹助は、自国で通貨を造る技術を持つことが、いかにその国の自立と繁栄にとって重要であるかを真に理解したに違いないし、その認識こそが、明治日本でお雇い外国人に見下されながらも、日本人の手で貨幣製造をついに成し遂げた彼の粘り強いエネルギーとなったのは確実だ。

そして山尾庸三にとっては、造船所を見学したことが、やがて彼をロンドンから造船の町、スコットランドのグラスゴーへと向かわせる動機になった。庸三は造船を現場で学び帰国したのち、日本の工業を、わけても造船業をリードしていく。本当に、五人はロンドンでの日々を無駄にしなかった。

ところが五人を送った長州藩は、ロンドンで彼らが腰を据えて勉学に専念することを躊躇《ちゅうちょ》させるような、切迫した事態を迎えるのである。

第七章　散々な長州藩

気になる長州藩の動向

彼らがロンドンに着いたのとほぼ同じ頃の一八六三年（文久三年）一〇月二一日、イギリスの新聞『タイムズ』にある記事が載った。

「四つの強国が、一、二の日本の大名を懲罰する最後の協議を行っている。日本の政府はヨーロッパ人に対して友好的な言辞を弄しており、大君の旗を掲揚していない船はすべて拿捕《だほ》する権限を外国軍艦に認めるとまで言っている。しかし、常にわれわれの敵であった領主たちは、そのことを理由にして、今まで《ママ》以上に敵対的になり、横暴になった。長門侯は実際、アメリカの汽船、オランダのコルヴェット艦、フランスの砲艦各一隻に続けざまに砲撃を加えた。

……しかし、一方われわれは、もう一人のこうした反逆的な封建領主との間に決着をつけねばならぬ問題がある。日本にいる外国人に加えられた最新の、あるいは最新に近いと思われる殺人的蛮行は、薩摩侯の面前で、その家来たちによって行われたものである。……侯自身の身柄を拘束することは、もちろん不可能だが、しかしイギリス艦隊が彼に賠償要求を履行させるため鹿児島に派遣された。……その結果は不幸にもこの破廉恥な貴族に所属した町の徹底的な破壊だった。三つの要塞はわが艦隊によって沈黙させられ、三隻の汽船は破壊され、その町は領主の屋敷も工場も、武器庫もともに巨大な廃虚に帰した。……」

(『外国新聞に見る日本』第一巻 本編)

一八六二年九月一四日(文久二年八月二一日)に起きた生麦事件の報復として、薩摩藩がイギリス艦隊による砲撃を受け、鹿児島の町が灰燼《かいじん》に帰したことを報じている。また長州藩が下関砲台から攘夷を決行したことに対しても、近くアメリカ、イギリス、フランス、オランダの四カ国が報復攻撃をする計画であることも同記事には記されていた。

おそらく、五人はこの『タイムズ』の記事を後から誰かに教えられるかして読んだか、あるいは書かれていた内容を知らされていたものと考えられる。というのも、ジャーディン・マセソン商会総帥のヒュー・マセソンがその回想録の中で、一八六四年（文久四年）一月に、薩摩など日本の緊迫した状況を五人に伝えたとある（『伊藤博文伝』上巻参考文書 *MEMORIALS OF HUGH M. MATHESON*）。ゆえに、『タイムズ』の記事のことも、マセソンが教えたのかもしれない。東洋に支店網を持つ同商会には、日本の情報が逐一もたらされていた。

二人で日本に帰る

ともかく五人は、とりわけ馨と俊輔の二人は、薩摩がこっぴどくやられたように、自藩の無謀な攘夷活動が外国艦隊からの激しい報復を招くことを真に恐れた。外国と戦っても絶対に勝てないことは、ここロンドンで世界の最先端を見ている彼らにはとうにわかり切っていた。

馨はさらに一月以降、新聞記事を注視し続ける。そして、二月九日付『タイムズ』の記事で、薩摩藩が生麦事件の賠償金二万五〇〇〇ポンドの支払いに応じたことを知る。さらに同記事には、次のことが記されていた。

「……長門侯が砲台を造り、武装した汽船を雇って外国船舶が下関海峡を通過して内海に入るのを阻止しようとしたとき、同侯の所領にはオランダ、アメリカ、フランスの艦船が相次いで訪れた。『砲台に当たらなかった弾丸は町に飛び込んだ』ので、下関の住民は領主の海賊行為のため大いに迷惑を被ったに違いない。……オランダ側が、砲撃を行っていた一時間半の間、砲弾の大部分は町に飛び込んだに違いないと認め、またアメリカ側が『多くの砲弾が砲台で爆発し、町に相当の損害を与えた』と報告しているのを見ると、たとえ下関が完全に焼かれてしまわなくとも、砲台を攻撃していた軍艦側が特別に注意してこれを救おうとしたものでもないことは明白である。……」

（『外国新聞に見る日本』同）

馨と俊輔は、とうとう下関砲台がアメリカとオランダの軍艦から報復攻撃された事実を知った。これがいわゆる第一次下関戦争で、この時は陸戦隊も上陸し、下関砲台は一時的に占拠される。ここに至って、馨と俊輔は、彼らに流れる「政治家」的な血の勢いをどうにも抑えることができなくなった。このままわが藩にこんなことをさせていては、滅んでしまう——馨は俊輔と語り合った。そして決めた。帰国することにしたのである。

「……吾々《われわれ》外国に在って専心海軍の学術を研究しているのは、他日その術を施そうとするが為《ため》である。然《しか》るに今や郷国は一大危機に瀕している。若《も》し郷国にして滅亡するような事があっては、海軍の研究も何の用があろう。それで一旦帰朝し、君公又は当路の士に面して欧洲の形勢事情を詳説し、鎖国の陋見《ろうけん》を破って開国の方針に一変せしめねばならぬ。而《しか》も攘夷論の旋渦中に投じて開国論を唱道することであるから、一死は固《もと》より覚悟せねばならぬ。……」

（『世外井上公伝』。ルビは筆者）

死を覚悟して藩主たちを説得し、鎖国・攘夷の「陋見」、すなわち狭い考えを捨てさせ、藩政を開国に変えると、馨はいってのけている。一年と数カ月前、品川の英国公使館を丸焼きにした馨と俊輔が、すごい変貌ぶりである。

密航してロンドンに来た甲斐《かい》があった。ここで西欧近代とじかに接して意識革命を成し遂げ、そしてこのタイミングで日本に戻っていったからこそ、二人は幕末維新の激変に間に合い、新生日本の要職に就くことができた。それゆえに西洋の技術を身につけ「人の器械」となって後から帰ってきた三人を、誕生したばかりの明治政府に迎え入れることができた。あくまでも時代の必然的な流れとはいえ、なんと見事な五人のチームワークだろう。

こき使われなかった帰路

さて、馨と俊輔が日本に帰る旨を三人に告げると、彼らは自分たちも一緒に帰りたいといった。だが馨は、五人一緒に帰国して死地に入るのは何の策にもならない、それでは外国に行った意味がなくなってしまうと三人を制し、勝《まさる》と庸三、謹助は残ってそれぞれの勉学の目的を完遂するようにと諭した。さすがリーダーの言である。もちろん、三人は素直に従った。というか、ロンドンにいることを安堵《あんど》され、技術肌の彼らは、本音としてはホッとしたのだと思う。

馨と俊輔は急ぎ準備に取りかかった。ロンドン滞在中、何から何まで世話になったウィリアムソン教授に帰国の旨を告げ、ジャーディン・マセソン商会のヒュー・マセソンに挨拶し、残りの三人を頼むと後を託し船に乗った。一八六四年四月半ば（元治元年三月半ば）だった。

馨と俊輔にとってはわずか半年程度のロンドン滞在だった。しかし彼らにはこれで十分だった。少しばかりではあるが彼らなりに英語力を身につけたし、何よりも二人には新時代への心構えができていた。意識が、頭脳が刷新されていたのである。

帰りの船も帆船だった。マセソンが手配したのだろう。本当は一刻も早く帰りたいから風任せでなく航海日数を減らせる蒸気船に乗りたかったらしい。でも蒸気船は船賃やらその他の費用で巨額を要し、残った三人の滞在費に影響が出るから諦めたという。五人の総費用五〇〇〇両ではホント、つらい。ただ、今回は来た時のように船員扱いされることはなかった。当然だろう。お金を払っている乗客だし、帰路は英語もわかるのだから。

しかし死ぬ思いをしたのは、来た時と同じだった。喜望峰を回りマダガスカルに向かうあたりで嵐に遭遇し沈没寸前の状況にまでいった。どうもこのあたりは海の難所のようで、ついに船長は最後の手段、マストを倒すことを命じ船員たちは斧《おの》を持って甲板に出た。が、幸いにも風が次第に収まってきて事なきを得た。こんなところで死んでたまるかという二人の想いが天に通じたかのようだった。

何とか着いた上海で蒸気船に乗り換えて、横浜に帰ってきたのは一八六四年七月一三日（元治元年六月一〇日）頃だった。あと四年で明治になる。

ケチなポルトガル人？

長州藩は、第一次下関戦争で外国艦隊に手ひどくやられたものの、依然戦意は旺盛で下関海峡（関門海峡）を封鎖し続けていた。下関海峡は、上海や長崎から回航してきた外国船がここを通って瀬戸内海に入り神戸に向かう上で、さらには紀伊水道を抜けて北上し横浜に行く上で、つまりすべての外国船の通商にとって死活的に重要だった。ゆえにアメリカ、フランス、オランダそしてイギリスの四カ国は連合して長州藩を攻めることを決定した。ここに第二次下関戦争が始まるのだが、その直前に馨と俊輔は帰ってきたことになる。

横浜に着いた二人はその足でイギリス領事館の旧知のガワーに会い、まずは急遽ロンドンから帰ってきたわけを話した。ガワーも、一瞬なんと早く帰ってきたことかと、驚いただろうが、帰国の理由を二人から聞くと納得し、四カ国の連合艦隊が長州を攻撃するつもりであることを知らせた。

話を聞いた馨と俊輔は、自分たちが藩論を一変させ攘夷を止めさせるから、攻撃は待ってほしい、とにかくそのことを公使と話し合いたいので仲介してほしいとガワーに頼み込んだ。即座に了承したガワーはイギリス公使館にいる通訳官のアーネスト・サトウ（Ernest M. Satow）に二人を会わせてくれた。

事の仔細《しさい》を理解したサトウは公使に会わせるから、その時まで幕府の官吏に日本人だと悟られないよう、横浜居留地内の外国人専用ホテルで、日本語を決して話さず待っていてほしいと指示する。まだ日本人の海外渡航は禁止されていた頃である。彼らが密航してロンドンに行き、そして戻ってきた者であると幕府に知れたら一大事だった。

ちょっと面白いのは、『世外井上公伝』によると馨と俊輔はホテルの日本人ボーイに気づかれないよう英語で話し、「葡萄牙人《ポルトガル》」で通したという。まあ、今ならすぐにバレてしまいそうなものだが、二人は洋服を着ていたし髷もないし、第一この頃の日本人はそんなに外国人を多く見てはいない。ヘンな英語を話すポルトガル人をおかしいとはまったく思わないのもわかる。

ただ、日本人ボーイたちは、どうせ二人は日本語がわからないだろうからと、大声でこんなふうにいっていたという。――今度来たポルトガル人は、顔は日本人に似て怜悧《れいり》そうに見えるが、ケチで金をまったく使わないのには驚いた。初めて日本に来た連中だから金の使い方を知らないのだ。二人の風采から見て、ポルトガル人の中でも最下等の貧乏野郎だ――等々。日本に帰って早々、忍耐、忍耐の馨と俊輔だった。

ところで、今、出てきたアーネスト・サトウだが、彼もＵＣＬの卒業生である。サトウは維新、幕末の日本に身を置き、この二人はもちろん、西郷隆盛や勝海舟など錚々たる人物と交わったイギリスの外交官だ。サトウはこう語っている。

「……その時ちょうど、長州から洋行していた若侍五名の一行中、その二名が外国から帰朝したばかりのところであった。……その名前は伊藤俊輔《シユンスケ》……と井上聞多《ブンダ》……。この二人は、煉《れん》瓦塀《がべい》に自分の頭をぶっつけるのは無益だということを藩の同志に警告しようと、知識を身につけて、日本へ帰って来たのであった。……」

（『一外交官の見た明治維新』上巻）

イギリスの軍艦で長州へ

ほどなくホテルにイギリス公使館から迎えが来て、二人は公使のラザフォード・オールコック（Rutherford Alcock）と面会する。もともとオールコックは、フランスやアメリカのように長州と戦火を交えることに対しては積極的ではなかった。長州藩の砲撃で被害を被ったのはもっぱらアメリカやフランスの艦船だったし、イギリスの対日貿易が順調でその流れを壊したくなかったということもある。オールコックは二人の訴えを理解した。

「……そこで卿（オールコックのこと―筆者註）は、この好機を直ちに捕え、長州の大名と文書による直接の交渉に入ると同時に、一方では最後の通牒ともいうべきものを突きつけ、敵対行動をやめて再び条約に従う機会を相手にあたえようと考えた。卿は仲間の諸公使（フランス、アメリカ、オランダの各公使―筆者註）の承認を得た上で、伊藤と井上の二人を便宜の地点に上陸させようと、二隻の軍艦を下関の付近へ急派したが、その際この両名に一通の長い覚書を託し

て、藩主に提出させることにしたのである」（『一外交官の見た明治維新』上巻）

馨と俊輔がオールコックから託された覚書には、攘夷をやめること、幕府の貿易独占を廃して下関海峡の自由な交通や貿易が保障されれば長州藩の内政には干渉しないなどの旨、記されていた。この覚書を携えた二人を軍艦バロッサで長州の姫島まで送っていったのがサトウだった。三人は長州までの航海の途中、大いに語り合ったという。同じＵＣＬに身を置いた者同士、話は尽きなかっただろう。

結局、二人の藩主説得はうまくいかなかった。藩の幹部は攘夷に固陋《ころう》し、馨と俊輔は西洋にかぶれた者と非難され、悔しい思いをするしかなかった。先覚者のつらさ、悲劇というやつだ。オールコックの覚書は火に油を注ぐと二人は懸念し、渡されなかった。

ここに至り四国艦隊は結集し、第二次下関戦争が始まった。馨と俊輔はそのまま藩に戻ったが、長州藩は当たり前に負けた。

講和成立

講和交渉となり、黒の烏帽子《えぼし》に浅黄色の大紋という大仰な出で立ちの、長州藩家老宍戸《しど》備前の養子宍戸刑馬を名乗った高杉晋作が長州全権として、クーパー提督が乗った連合艦隊旗艦のユーリアラスに小舟で近づいてきた。その時ユーリアラスの甲板から見下ろしながらサトウが、「やあ、伊藤さん、どうです、もう戦いに飽きましたか」と笑いながらいった。で、通訳として高杉と一緒に小舟に乗っていた俊輔が「まったく、飽き果ててしまいましたよ。だから和議を相談しに来ました」と応じると、「まあ、お上がりなさい」と、面識がある者同士の親しみのあるやり取りが交わされたという（『伊藤博文伝』）。

アーネスト・サトウは流暢な日本語を話し、日本人も舌を巻く達者な候文《そうろうぶん》まで自在に書きこなしたイギリスの外交官である。右の俊輔との会話も、だから当然日本語でなされたのだろう。なお、アーネスト・サトウについては次の「休題」で詳しく紹介する。

かくして元治元年八月八日（一八六四年九月八日）、講和は成り下関戦争は終結した。以降、薩英戦争後の薩摩がそうだったように、長州とイギリスは互いに接近する。そもそも貿易を国策とするイギリスは、自国の利益にかなう日本の勢力はどこかということが一番の関心事だった。それは幕府なのか。あるいは長州や薩摩か。そんな時に起こったのが、まず薩英戦争だった。

そして、ロンドンで大いなる啓蒙を受け戻ってきた馨、俊輔らと、イギリスの外交官たち、すなわち公使オールコックやサトウとの出会いがあり、下関戦争があった。イギリスは、これら薩長との真正面からのぶつかり合いを通じて、日本を変革し新時代の勢力の核となるのは長州と薩摩であると確信し、肩入れしていくことになる。

イギリスの眼力

この対日政策を、ヨーロッパでイギリスと競合関係にあったフランスと比べてみると対照的である。周知のように、フランスは自国の利益のため日本の旧体制、すなわち幕府を選んだ。それはヨーロッパでの英仏対立の、日本におけるそのままの反映であり、幕末の日本の情勢は英仏の極東における代理戦争の色彩が強い。そして結局、イギリスが陰に日向《ひなた》に支援した薩長を中心とした勢力が討幕を果たし、この代理戦争はフランスの「負け」となった。イギリスは眼力があったということになる。

ついてはこの、イギリスの日本を見る眼、あるいは洞察力について、とても面白い記述がある。本章の冒頭で見た一八六三年（文久三年）一〇月二一日付の『タイムズ』の記事には、次のようなことも書かれている。少し長いが要所を紹介する。

「……われわれは、ヨーロッパの艦船との最近の戦闘で示されたような、日本国民の軍事的素質と機械に強い素養に感心しないではいられない。……われわれは、薩摩侯のわが艦隊に加えた砲撃がどんな損害を生じたかまだ聞いていないが、人員の損害から見ても、それは軽微なものなどとは言えない。……それに中国人はごく最近まで、日本で製造されているのに匹敵する兵器を持っていなかった。これこそ、まさにわれわれが予想していたことなのだ。サー・R・オールコックは暗殺の脅威のもとに大変長い間日本に住んだ人だが、不当なえこひいきをすることなく、日本の職人たちはシェフィールドやバーミンガムの職人たちと同等に競いあうことができる、と述べている。彼らは一人のアームストロングもウィットワース[*1]もまだ生み出していないが、彼らが一度旋条砲[*2]を手に入れたなら、どうしたら模倣できるかを知っていることは確かだし、多分それに改良を加えるだろう。破壊的機械を生産できる彼らのこの能力は、現在のところでは、われわれにとってあまり愉快なこととは言いがたいが、この並外れた国民の知性と未来の運命への確信がわれわれの敬意を呼ぶだろうことは十分に考えられる。[*3]長門侯や薩摩侯の家来たちであろうと、日本人がうまく戦えば戦うほど、われわれは日本人との平和的で友好的な関係を持ちたいと思い、そうした展望をあきらめる気にはなれないのである」

（『外国新聞に見る日本』第一巻　本編）

もちろん、これは一イギリス人ジャーナリストの書いた文であり、イギリス政府の日本および日本人に対する公式な見解あるいは認識ではない。しかし、当時の駐日公使オールコックも日本の職人たちの高い技術を認めているように、欧米列強の中でもイギリスは、薩摩や長州との戦争を通じて、日本人の持つ優れた能力、未来へのポテンシャルに明らかに気がついている。現在のわれわれ日本人も驚くほど、イギリスは当時の日本の「並外れた」(extraordinary)レベルについての正確な理解を持っていることがよくわかる記事であり、大変興味深い。

二つの戦いで完敗した長州

さて、四国艦隊との戦いは終わったが、長州は同時期に、もう一つの手痛い敗北を負っていた。元治元年七月一九日(一八六四年八月二〇日)に起こった禁門の変で、尊攘強硬派の来島《きじま》又兵衛や久坂玄瑞らが率いる長州軍が敗れ、又兵衛と玄瑞は死んだ。つまり下関戦争と禁門の変という二つの戦いをほぼ同時に敢行し、二つとも完敗した長州は最悪の状態にあった。がむしゃらに尊王攘夷に突き進むとこうなるという見本でもある。

おまけに禁門の変で御所に発砲し、戦いを引き起こした咎《とが》で朝敵となった長州を懲らしめるため、幕府の大軍が向かってくる（第一次長州征伐）。結果、長州は幕府に恭順する守旧勢力の俗論派が主導権を握り、高杉晋作や久坂玄瑞ら正義派を支援し、五人をロンドンに送った周布政之助は切腹に追い込まれる。ロンドン帰りの「新時代派」の馨や俊輔にとっては厳しく危ない時期の到来だった。

三人の刺客、馨を襲う

果たして馨は、俗論派の三人の刺客に待ち伏せされる。『世外井上公伝』からは緊迫したその時の様子が伝わってくる。元治元年九月二五日（一八六四年一〇月二五日）の夜、藩政事堂での会議を終え、一里半ほどのところにある自宅に向かう途中だった。提灯《ちょうちん》を持った従僕の浅吉の先導で夜道を歩いていると、いきなり一人の男が暗闇から現れ、「聞多さんでありますか」と聞いてくる。「そうじゃ」と馨が応じるやいなや、別の男が馨の後ろから両足をつかみ背中を押して前に倒した。

それからがもう団子状態の取っ組み合いとなったが、ついに三人目の刺客が馨の背中を思い切り斬りつけた。その時、馨は転げ回っており、瞬間伏せた体勢になったので、腰に差した刀の位置がずれて背中に回っていた。それが幸いした。危機一髪、刺客の刃を馨の佩刀《はいとう》が背骨の直前で止めた。つまり、馨は太刀も抜けずに防戦していたのである。

必死の組み合いの中、馨は一瞬の隙を捉えると急いで逃げ、暗闇に潜んだ。三人は馨を捜したが、見つけることができなかった。提灯が消えたら漆黒の闇になるこの時代だったから助かった。通い慣れた道だったのも味方した。しかしひどい刀瘡《とうそう》を負った馨は近くの農家に転げ込んだ。

一方、浅吉は走りに走って井上家に危機を知らせ、馨の兄の五郎三郎が押っ取り刀で襲撃現場に飛んでいった。しかし、弟の姿が見えない。懸命にあたりを捜したが見つからず、一旦家に戻ると、そこには農家の者によって担ぎ込まれた馨が戻っていた。馨は背中と、後頭部、右頬から唇にかけて、下腹部、脚を斬られていた。出血がひどく、とんでもない重傷だったが、背骨は自分の刀に守られて無事だった。

意識朦朧《もうろう》、息も絶え絶えの馨は見守る兄の五郎三郎に、もう駄目だと手真似《てまね》で介錯《かいしやく》を頼んだ。そこで兄が自らの刀の柄《つか》に手をかけたところ、望みはないかもしれないがとにかく手当てをと、母が必死で五郎三郎を止める。

死んでたまるか！

ちょうどその場に馨の遭難を聞いて駆けつけた美濃《みの》の浪士で、奇兵隊隊士の所郁太郎《ところいくたろう》がいた。郁太郎は大垣藩の医師の家の養子で、大坂の緒方洪庵のもとで蘭方医学を学んでいた。で、郁太郎は馨の傷口を焼酎で洗い、縫い始めた。畳針で、である。これで助かった。

もしも馨の太刀がずれて背中に回っていなかったら、母の制止を振り切って弟を早く楽にさせてやろうと兄が介錯していたら、所郁太郎がそこにいなかったら、いても畳針がなかったら、そして何よりも馨の奇跡の生命力がなかったら、明治の外務卿井上馨は日本史に存在しなかった。あの荒れた長い航海中ずっとこき使われて、ぼろぼろになってロンドンにたどり着いた男は、一命を賭して藩を説得するために、再び荒い海を越えて戻ってきた。そうは簡単には死なない、いや死ねないのである。

なお、馨が襲われたと聞いた時、俊輔は下関にいたが山口に飛んできて馨の有り様を見て涙した。だが馨は、ここにいてはお前も危ないからすぐに去れと諭し、俊輔は来たのも束《つか》の間《ま》、また出て行った。

さあ、これから幕末の激動の本番がいよいよ始まる。長州藩では捲《けん》土重来《どちょうらい》、福岡に逃れていた高杉晋作が奇兵隊を指揮し、また伊藤俊輔も奇兵隊の支隊である力士隊（相撲取り部隊）を率い、俗論派から藩政を奪還する。

慶応二年一月二一日（一八六六年三月七日）には禁門の変以来、犬猿の仲だった長州と薩摩は坂本龍馬の奔走で同盟し、幕府の第二次長州征伐は密かに薩摩に武力援助され強力になった長州軍と奇兵隊の奮闘で失敗に終わる。そして、ついに薩長を核とした日本の新勢力は官軍となり、戊辰の戦いに突入するのである。

この、日本の夜明けを担う中心勢力の紛れもない一員として動いた馨と俊輔は、やがて新生明治政府のキーメンバーとなっていく。

＊1　アームストロング（William George Armstrong）はイギリス人機械技術者で、彼が一八五五年に開発した大砲である後装式ライフル砲のことをアームストロング砲という。ウィットワース（Joseph Whitworth）もイギリス人の機械技術者。アームストロングと同時期の一九世紀中頃、ウィットワース銃と呼ばれる銃身内にライフリング（rifling＝螺旋《らせん》状の溝）を施した小銃を開発した。

＊2　旋条砲＝rifled gun（原文）

＊3　「破壊的機械を生産できる彼らのこの能力は、現在のところでは、われわれにとってあまり愉

快なこととは言いがたいが、この並外れた国民の知性と未来の運命への確信がわれわれの敬意を呼ぶだろうことは十分に考えられる」。原文は以下（『外国新聞に見る日本』第一巻　原文編）。

While this aptitude for the production of destructive engines cannot afford us much pleasure just at present, it may well inspire us with respect for the intelligence and confidence in the future destiny of this extraordinary nation.

休題　アーネスト・サトウ

同じUCLの卒業生

さて、ここで少し長州の五人組を追うことから離れて、前章で登場したイギリスの外交官アーネスト・サトウについて語りたい。もっとも五人と離れてとはいっても、この物語とサトウは無縁ではない。それどころか大いに関係がある。というのも、すでに述べてきたように、サトウは本書のもう一方の柱であるＵＣＬの卒業生だからだ。つまり、日本風にいうならサトウは五人にとって、大学の先輩にあたる。

追々語っていくが、この、ロンドンの反骨の大学ＵＣＬがなければ、サトウはイギリスの外交官の卵となって幕末の日本に来ることができなかった。ＵＣＬがあればこそ、彼は日本に身を置いて伊藤俊輔や井上馨ら長州ファイブのメンバーと関わりを持つことができたのである。

したがって、この魅力たっぷりのイギリスの外交官が何者であるかを見ていくことは、当物語の趣旨にも沿っているし、また幕末維新史に違った視点を添えることになるものと考える。

なんという日本語力

「扨《さ》て久吉《ひさよし》の儀《ぎ》に付《つき》、委細御申越候趣致承知候《いさいおもうしこしそうろうおもむきしょうちいたしそうろう》。御心配《ごしんぱい》に不及候《およばずそうろう》。右《みぎ》は左《さ》の通《とおり》に候《そうろう》。当人最初渡来《とうにんさいしょとらい》の砌《みぎり》、五年間当地に修行の積《つもり》に拙者と約束相成候《あいなりそうろう》。其終《そのおわり》に至れば、日本に帰り、元の通り御《お》まえさまの側《そば》に居候《おりそうろう》筈《はず》に御座候《ござそうろう》。最早《もはや》三年過行《すぎゆ》き、僅《わずか》に二ケ年残候《のこりそうろう》。扨《さ》て此《この》度一寸《たびちよつと》御見舞《おみまい》として御地《おんち》に出張致《いた》し、当秋九月に又《また》一度英国へ来《きた》り、一ケ年ロンドンの学校に修行を遂《と》げ、夫《そ》れから半年位《くらい》ドイツやフランス国に遊歴し、其後《そのご》、即《すなわち》只今《ただいま》から二ケ年相過《あいすぎ》候《そうら》わば、終《つい》に日本へ帰着致《いた》し、御《お》まえさまと一所に住居の筈《はず》に御座候《ござそうろう》。右の次第に候間《そうろうあいだ》、別《わけ》て御心痛《ごしんつう》の訳《わけ》は無之《これなく》と存候《ぞんじそうろう》。何時迄《いつまで》もロンドンに居事無御座候《いることござなくそうろう》」

（『旅立ち　遠い崖―アーネスト・サトウ日記抄1』。ルビは筆者）

いきなりの候文で驚かれたと思う。これがアーネスト・サトウの日本文である。晩年、サトウはイギリスのデボンシャー州オタリー・セント・メリー（Ottery St Mary）に隠棲《いんせい》していた。

そのもとをサトウの息子、武田久吉が東京から訪ねてきた。久吉は植物学の研究のためイギリスにとどまり、一旦は日本に帰ったもののまたイギリスに来てなかなか日本に帰らない。そんな久吉を心配する東京の母、つまりサトウの妻の武田兼《かね》に送った一九一三年（大正二年）五月三一日付の手紙がこれである。

以前、サトウを調べる機会があり、サトウの研究では第一人者であられた故萩原延壽《はぎはらのぶとし》氏の著書の中にこの手紙文を見つけた時、その見事な候文に心底驚いた。ましてやそのサトウがUCLの卒業生であることがわかって感無量だった。

アーネスト・サトウ
提供：akg-images／アフロ

着任早々から猛勉強

アーネスト・サトウ（Sir Ernest Mason Satow 一八四三―一九二九）は、幕末から明治にかけて、通算約二五年間日本で勤務したイギリスの外交官である。最初は英国公使館付きの通訳生（Student Interpreter）として一八六二年九月八日（文久二年八月一五日）に横浜に着く。長州ファイブが密かに横浜から上海に向けて出港する日の八カ月ほど前である。

もっとも通訳生といっても、日本に来る前に少しの間滞在した中国で漢字をちょっと習った程度で、当初は日本語そのものはまったくといっていいほどわからなかった。その北京のイギリス公使館に滞在中、江戸のイギリス公使館から急ぎの書簡が届いたことがあった。そこには日本のある幕閣の直筆の手紙も入っていたが、公使館では誰一人それを読める者はいなかった。日本は中国と同じ漢字文化を有する国だから、中国語が理解できれば日本語もたやすいだろうと考えていたサトウは、あまりの違いに驚いたという。

「シナ語、シャム語[*1]、日本語などのような言語を習得するには、まじめに勉強するのでなければ到底物にならない」

（『一外交官の見た明治維新』上巻）

来日するとすぐにサトウは日本語を真剣に学び始めた。ちょうどその頃賜暇《しか》でイギリスに帰った公使ラザフォード・オールコックの代わりに代理公使となったジョン・ニール陸軍大佐の許可もあって、サトウは朝から午後一時まで日本語を勉強する時間を得た。そのための部屋も公使館に用意してもらった。そこで彼は、日本語の達者なアメリカ人宣教師のサミュエル・ロビンス・ブラウンや紀州和歌山藩の医師高岡要《かなめ》を教師に、猛烈に日本語を学んだ。とくに高岡からは書き言葉、すなわち書簡文をみっちり習った。

高岡はまず草書で手紙を書き、それを楷書に書き直してその意味をサトウに教えた。サトウはまた、書家からも日本文の書き方を学んだ。先のサトウの候文は、のめり込んで取り組んだ日本語の勉強がその土台にあってのものだ。もちろん、サトウ本人にも天才的な語学の才があったのはいうまでもない。

日英同盟締結の陰の立役者

こうして日本語に磨きをかけながら日本に六年半ほど滞在し、一八六九年二月二四日（明治二年一月一四日）に賜暇でイギリスに一度帰国するが、この間に当初の通訳生から通訳官（Interpreter）へ、そして日本語書記官（Japanese Secretary）へと昇進する。日本語書記官は公使館書記官（Secretary of Legation）に次ぐ地位であり、つまりこれだけ出世したということは、いかにサトウの日本語力が駐日公使館において重要だったかがわかる。

一八七〇年（明治三年）、賜暇を終えて再び来日。オールコック公使の離日後、一八六五年（慶応元年）以来駐日公使の任にあるハリー・パークス（Sir Harry Smith Parkes）を助け、一八八二年（明治一五年）、賜暇でイギリスに帰るまで、引き続き日本語書記官として勤務する。

その後はしばらく日本とは離れ、一八八四年（明治一七年）にシャム（現在のタイ）総領事となってバンコクに赴任し、そこで翌年公使に昇格する。一八八九年（明治二二年）にはウルグァイ公使としてモンテヴィデオへ、一八九三年（明治二六年）にはモロッコ公使としてタンジールへ赴任する。

そして、一八九五年（明治二八年）、日本に公使となって赴任するのである。ちょうど日清戦《にっしん》争終了直後の、ロシア、フランス、ドイツが日本に対して占領した遼東半島を清に返せと圧力をかけてきたいわゆる三国干渉の最中だった。もっともサトウは、体調を悪くした清国公使の後任で一九〇〇年（明治三三年）には離日しなければならなくなったが、この日本での任期中、彼はロシアの極東における動向を監視し、後の日英同盟締結の陰の立役者になったといわれている。

一外交官の見た明治維新

このように、イギリスの外交官として日本に都合約二五年間勤務したサトウにとって、最も印象的で、自身も熱く行動したのが一八六二年（文久二年）九月から一八六九年（明治二年）二月までの六年半の、最初の任期だったろう。一九歳から二六歳までの自身の青春期にもあたるこの時期に、サトウは幕末・維新の激動期に身を置き、英国公使オールコックやパークスの片腕となって縦横に各地を飛び回り、薩長や幕府の主要メンバーと接触し、新生日本が誕生していく様をつぶさに目撃した。

その、サトウが関わりを持った顔ぶれが豪華である。西郷吉之助《きちのすけ》（隆盛）、大久保一蔵（利通《としみち》）、井上馨、伊藤俊輔、勝麟太郎《りんたろう》（海舟）、桂小五郎、徳川慶喜、伊達宗城《むねなり》、松木弘安、五代才助、森有礼、後藤象二郎、山内容堂、陸奥《むつ》宗光、明治天皇等々、ほぼ幕末・維新のオールスターである。

外交官だから赴任地においていろいろな人物と面識を持つのは当然のことだ。けれどもサトウの場合は日本語が達者だったから、イギリスが日本において関与しなければならない時と場所には常にいたというわけだ。もちろん最初の赴任後ほどなく始まった薩英戦争にも、サトウはイギリスの軍艦に乗って錦江湾《きんこうわん》に出向いているし、下関戦争にも既述の通り関わっている。

この日本の激動期にサトウが目にし、自ら動いた経緯は、先に引用した彼の『一外交官の見た明治維新』（原題：*A Diplomat in Japan*）に詳細に描かれていて、同書はわが国の幕末維新史の流れを知る上での、一大テキストブックといっていい。

兵庫沖に停泊中のある汽船の寝台で、横になって寛《くつろ》いでいた島津左仲《サチュー》を名乗る、キラキラした瞳の、片腕に刀傷があるたくましい大男が、後に西郷吉之助だとわかったというサトウのはずんだ記述……あるいは江戸で高級料亭から出前を取って夕食を済ますサトウの粋人ぶり等々……。

日本を深く観察し、かつ溶け込み、しかも広い人脈を持った、日本語の堪能なイギリスの外交官が、日本の夜明けの時期にその現場にいたということは、なんと日本史にとって幸運だったことだろう。こんなサトウの魅力は、初めから日本が好きだったということである。外交官教育の結果ではなく、外交官になる前から日本が好きだった。彼はどのような生い立ちで、どのような経緯で日本にやってきたのか。

UCLでチャンスをつかむ

アーネスト・サトウは一八四三年六月三〇日、ロンドンの北東部、クラプトン（Clapton）に生まれた。父親のハンス・デイヴィッド・クリストファー・サトウ（Hans David Christopher Satow）は、リガからロンドンに移りイギリス国籍を取得した一九世紀の典型的な新興中産階級層の人間であり、経理事務所を営んでいた。サトウの母親はマーガレット・メイソン

(Margaret Mason)といった。よく、アーネスト・サトウというと、「えっ、佐藤さん?」と聞き返されるが、Satow は東部ドイツ近辺にしばしば確認されるれっきとした欧州の苗字《みょうじ》である。

サトウは一三歳でロンドン北西部のミル・ヒル・スクール(Mill Hill School)というそこそこ名の通った中学校に入学し、そこで三年間優秀な成績を収めて卒業すると一六歳でユニバシティ・カレッジ、すなわちUCLに入学する。サトウの家はルーテル派だったから、オックスフォード大学やケンブリッジ大学への入学はできなかった。しかし、自由の大学UCLがあったのである。

そんなサトウがUCL在学中の一七歳の時、一大転機が訪れる。長兄のエドワードが図書館から借りてきた当時人気のあった本『エルギン卿の中国と日本への使節記』(*Narrative of the Earl of Elgin's Mission to China and Japan in the Years 1857, 58,59*)を読んだのである。エルギン卿とはインド総督をしていた人物で、イギリス政府は彼を日英修好通商条約締結のため、一八五八年(安政五年)の夏、日本に派遣した。この本は、そのエルギン卿の使節団に秘書として同行したローレンス・オリファント(Laurence Oliphant)が書いたものである。

なお同書は、そのうちの日本の部分が『エルギン卿遣日使節録』(岡田章雄訳、雄松堂書店)として和訳されている。ここには、例えば日本の風景の美しさ、また町並み、人々の習慣などが書かれている。初めて日本という国を訪れた西洋人の率直な感想、感動がよくわかり、読んでみると結構面白い。

まあ、筆者個人としては、エルギン卿たち使節団の船や彼らの江戸の宿舎で昼食のもてなしを受けた日本の役人たちが、シャンペンやハム、あるいはフォアグラをほとんど遠慮なく飲み食いしまくるあたりの描写が印象的だった。なるほどなあ、と。それまで食したこともなかった西洋の飲み物や料理、当時の日本人には信じられないくらい美味しかったのだろうなあ、と。

外務省試験にトップ合格

さておき、サトウはこのオリファントの本を読んで日本に夢中になった。

「その国では、空がいつも青く、太陽が絶え間なくかがやいている。岩石の築山《つきやま》のある小さな庭に面し、障子をひらけばすぐに地面へおりられる座敷に寝そべりながら、バラ色の唇《くちびる》と黒い瞳《ひとみ》の、しとやかな乙女《おとめ》たちにかしずかれることだけが男の勤めであると言ったような――つまり、この世ながらのお伽《とぎ》の国。……」

（『一外交官の見た明治維新』上巻）

また彼は、その後ペリー提督の『日本遠征記』も読み、どうにも「お伽の国」日本への情熱を抑えきれなくなった。そこに、また運命というか、神の差配というか、サトウに日本行きのチャンスが訪れるのである。一八歳の時だった。

ある日、サトウは大学の掲示板に、中国と日本に行く通訳生を募集するイギリス外務省の告示を見つける。UCLからは三名が応募でき、その中の一人として学校から推薦されたサトウは、UCLを含む各大学から集まった志願者全員に行われた外務省の公開試験を受けた。合格者は一一名で、サトウはトップ合格だった。このうち、九名は中国行きを希望し、日本を任地に選んだのはサトウともう一人の二人だけだった。

「私は、ようやく両親から競争試験をうける許しを得て、その公開試験に首位で合格したが、その際私は日本をえらんだのである。シナへ行きたいとは少しも思わなかったし、行く意思もなかった」

(『一外交官の見た明治維新』上巻)

かくして彼は日本にやってきた。当時イギリス外務省においては、極東の赴任地では圧倒的に日本より中国のほうに人気があった。だがサトウは違った。最初から日本が好きだったのだ。

それゆえ難しい日本語も猛勉強で身につけ、日本各地に出向いては縦横に活躍し、幕末・維新の錚々たる人々の知己を得たのである。

サトウの家族

ところで冒頭で妻の武田兼あての手紙を紹介した。よって、サトウの日本の家族についても少し触れたい。兼は三田伊皿子《みたいさらご》の高級指物師の娘だった（一説にはイギリス公使館に出入りしていた植木職人倉本彦次郎の娘であるともいわれる）。兼は一八五三年（嘉永六年）一一月一二日の生まれである。サトウより一〇歳年少で、二人が出会ったのは維新直後ではないかといわれている。二人は法的に婚姻していたわけではないので、いうならば兼は内妻という立場だろう。

サトウは外交官を退官したあと隠棲したオタリー・セント・メリーに兼を連れて行くことはせず、ずっと独り身を通した。日本人である兼を日本の外に連れて行くことをためらったのかもしれないし、兼自身日本を出たくなかったこともあり得る。いずれにせよ、外交官として世界のあちこちに赴任していたサトウは、兼はずっと日本で暮らしていたほうが、混乱せず幸せだと考えたのかもしれない。

そういう意味で、法律上はともかく、二人は紛れもない夫婦だったと見て間違いない。兼が洋装で写っている若い頃の写真がある。とても美しく清楚な人でびっくりした。二人は三人の子供をもうけた。最初は女の子だったが、一八七三年（明治六年）病没する。まだ幼児だった。一八八〇年（明治一三年）には長男の栄太郎が、また一八八三年（明治一六年）には次男の久吉が生まれる。

そのうち長男の栄太郎は幼い頃から肺に疾患があり、あまり体が丈夫ではなかったようである。サトウはこの長男を心配し、やがて栄太郎は長じて父の資金援助を受けアメリカのコロラド州デンバーで土地を購入し農場を経営する。これは栄太郎が病軀を克服できるように環境のいい土地へ行かせた父サトウのはからいだった。栄太郎は現地のアメリカ人女性と結婚し家庭を築く。しかし結核性肺炎のため一九二六年（大正一五年）六月一五日、四六歳で世を去っている。

父親と次男

一方、次男の久吉は父に似て健康で健脚かつ聡明で、父と共に日本の山河をよく歩いた。アーネスト・サトウといえばもっぱら外交官として名が通っているが、じつは旅行家で登山家でもある。日本在任中に行ったところは、鹿児島、下関、大坂、兵庫、京都、奈良、吉野、熊野、高野山、伊予宇和島、長崎、土佐、北海道、新潟、佐渡、能登《のと》、日光、軽井沢、妙義山、日光中禅寺湖、伊香保、立山、飛驒《ひだ》、長野、甲府、富士山、箱根、鎌倉、小田原等々、日本の北から南までの全域に及んでいる。

サトウはまた、植物学者として、多くの種類の日本の植物を研究し、書物も出している。隠棲したオタリー・セント・メリーの自宅の周りにも日本から桜を取り寄せ、多種の草木を取り植えていた。ちなみに現在、東京半蔵門にある英国大使館の前の路は、都内桜並木の名所の一つになっているが、これらの桜はサトウが植えさせたものだ。

こんな登山家で植物学者の父と性向が似た久吉は、サトウから可愛《かわい》がられた。左の一八九〇年（明治二三年）八月一五日付の手紙は、ウルグァイ公使としてモンテヴィデオに赴任した父に久吉が出した手紙への、サトウの返事である。

「御手紙《おてがみ》このあいだ請取申候《うけとりもうしそうろう》。扨《さて》おとっさんのいる所どんな所かとの御《お》たずねは、先《ま》ずうみべにて、拾七万人の大都会に有之候《これありそうろう》。家は皆《みな》れんがにて、或《あるい》は二楷（ママ）或は三楷有之《これあり》、又往来《またおうらい》はますぐにて、全く囲板《かこいいた》……に相似居候《あいにておりそうろう》。東京と同《おな》く（ママ）乗相馬車沢山御座候《たくさんござそうろう》。私の家は港に近く、には……は無之《これなく》、去共屋根《されどもやね》の上は平《たいら》にて、ごくあつい時は夫《それ》に運動致候《うんどういたしそうろう》。此国《このくに》は大木少く、其代《そのかわ》りに草花沢山有《たくさんあり》、又つばきは沢山なく、日本とたいてい同じあつさなれ共《ども》、冬は甚《はなは》だ さむき事 無御座 候《ことなきにござそうろう》。此国のことば、いすぱにやことばにて、日本のことばと全く違う。久吉はおおきくなったら、英語を御《お》まなびなされ。又《また》おとっさん留守中はおっかさまめを大事に致《いた》し、好《よ》く御咄《おはな》しを御聞《おきき》なされ。先御返事迄 候《まずはおへんじまでにそうろう》。」

（『旅立ち　遠い崖―アーネスト・サトウ日記抄1』。ルビは筆者）

冒頭の兼へ出した手紙と比べ、この時、七歳だった久吉へのものだから文章はずいぶん易しい。それにしても見事な日本文であり候文だ。つくづくサトウにはびっくりさせられる。

尾瀬を守った武田博士

父に負けず劣らず、久吉も大変な人物になる。まず、東京外国語学校（現在の東京外国語大学）を出ると、札幌農学校（現在の北海道大学）、東北帝国大学（現在の東北大学）予科の講師を務めながら、植物採集のための登山の記録・研究を盛んに発表し、一九〇五年（明治三八年）には登山家の小島烏水《うすい》らと日本山岳会を創立する。

一九一〇年（明治四三年）四月には勉学のためロンドンに行き、オタリー・セント・メリーから出向いてきた隠棲中の父サトウに迎えられる。そして同年五月から、王立キュウ植物園（キュー・ガーデン）で植物学の研究に従事するとともに、一〇月からインペリアル・カレッジの植物科に入学する。この学校はUCLと同じロンドン大学を構成したカレッジである。[*2] 一九一二年（明治四五年）一〇月にインペリアル・カレッジの植物科を修了すると、引き続き二年間、同大学の講師として教鞭をとる。その後バーミンガム大学に赴き、淡水藻の研究に従事する。

日本には一九一六年（大正五年）に帰国。ほどなく東京帝国大学（現在の東京大学）にて理学博士号を受け、以降植物学者としての道を歩み、京都帝国大学（現在の京都大学）、北海道帝国大学（現在の北海道大学）、九州帝国大学（現在の九州大学）などで植物学の教鞭をとる。また、日本山岳会会長、日本植物学会名誉会員、日本自然保護協会理事などを歴任する。そして一九七二年（昭和四七年）、八九歳で没する。

と、このような経歴を持つ久吉だが、彼は今も「武田久吉博士」と敬意をもって山や自然を愛する人々から慕われている。というのも、久吉は自然保護運動の先駆者だったからだ。尾瀬に何度も足を運び、その貴重な自然を真に理解していた久吉は、炎のような情熱と怒りで無謀な水力発電計画を強行しようとする役人と事業者の前に立ちはだかった。

もし久吉を始めとする人たちの運動がなかったら、今頃、尾瀬はダム湖の底だった。福島県南会津郡のミニ尾瀬公園にある武田久吉メモリアルホールは、そんな彼の意志が伝わるところだ。ちなみに久吉の『尾瀬と鬼怒沼』は名著である。

間違いなく夫婦

家族の話が長くなった。アーネスト・サトウはオタリー・セント・メリーで、一九二九年（昭和四年）八月二六日に、八六年に及ぶ生涯を終えた。臨終を看取ったのは、日本にいる時から五〇年に渡りずっとサトウの身の回りの世話を続けた越後の人、本間三郎だった。サトウが亡くなったことはすぐに日本の新聞でも報じられた。ゆえに兼は知っていたと考えられるが、ひと月ほど後の九月二四日に、サトウの死を知らせる手紙がイギリスの本間三郎から兼のもとに届いた。それは本間がもう日本語を忘れてしまったかのような、たどたどしいカタカナ文で記されていた。

「サッソクヲシラセモヲシアゲマスルガ、サクネンノ六月二十三日十二ジ三十プンヨリ、ゴビヨウ（御病）ニテ、トヲネン（当年）ノ八月二十六日ゴゴ五ジ十八プンニヲナクナリマシタ。

八月十日ヨリ、トコニヲヨリメサレテ、スコシモカラダガジヨウ（自由）ニナリマセナンダ。……」

（『旅立ち　遠い崖―アーネスト・サトウ日記抄1』）

兼が亡くなったのは、一九三二年（昭和七年）一月一六日だった。サトウが逝ってから約二年五カ月後である。七九歳だった。イギリスに帰ってからもサトウは終生、兼に生活費を送り続けていたという。やはり、二人は夫婦以外の何物でもなかった。

＊1　シナ、シャムは現在不適切な呼称だが、引用文につきそのまま掲載した。
＊2　現在は、インペリアル・カレッジはロンドン大学グループを離脱している。

第八章　ロンドンの、一足早い薩長同盟

勝《まさる》、鉄道へ的を絞る

馨と俊輔が日本に帰ったあと、クーパー邸には山尾庸三ひとりとなった。彼はそのまま住み続け、俊輔がいなくなって勝と謹助の二人になったウィリアムソン教授の家に移ってくることはなかった。クーパー邸は、しかしほどなく埋まることになる。別の日本人で。

勝は、二人の帰国後、分析化学に続いて地質学や鉱物学の聴講を開始した。鉄道をやると決めた勝にとって、この二つの科目は大変重要だった。線路を敷く土地がどんな状態なのか。例えばトンネルを掘る上で問題はないか。地質を知らなければ鉄道の路線を安全かつ確実に敷設することはできない。

また、石炭など機関車の原動力となる鉱山の勉強や開発も欠かせない。鉄道を、機関車自体

の構造がどうなっているのかといった、エンジニア的視点や関心からだけではなく、「鉄道事業」という総体から捉えて学ぶ勝の姿勢が、彼が選んだ聴講科目からも見て取れる。

もっとも、これらの判断がすべて勝自身によってなされたのかは、わからない。というのも、お祭しの通り、勝は鉄道も何もない、そういうものが世界に存在することすらたぶん知らない幕末の日本から来た身だ。したがってロンドンに来て半年やそこらで、鉄道をやるにはこうした地質や鉱山の分野も押さえておかなければならないということを前もって知っていたかどうかは疑問なのである。

おそらくウィリアムソン教授や、UCLで学ぶようになってから知り合った現地学生、もしくはウィリアムソン教授以外の親しくなった講師陣から何らかの助言があったのだろう。また、折につけ彼らの相談に乗ったジャーディン・マセソン商会総帥のヒュー・マセソンの存在も見逃せない。

シャベルを担いで

実際、勝は顔の広いマセソンのところに、あることを頼みに行った。大学では見ることも触れることもできない実際の鉄道を、機関車というものを、身をもって知るために、どこかで鉄道の実習をさせてほしいと訴えたのだ。そこでマセソンは勝のために一肌脱いだ。勝はマセソンに紹介されたところにあちこち出向く。ある時は機関士見習いとして実際に機関車に乗り、釜に石炭をくべたりしながら鉄道を肌で覚えることに専念した。また、鉱山に行ってはシャベルを手に、汗だくになって採鉱作業をした。

こういう現場体験が、明治日本において鉄道事業を推進し、やがては「鉄道の父」といわれるようになった勝の、力の原点となったことは確かだ。勝はこの若き日の、イギリスの鉱山の現場でシャベルを片手に写っている自分の写真を終生手元に置き、困難に直面した時にはこれを見て自身を奮い立たせたという。いい話だ。

ロンドン留学時代の野村弥吉（井上勝）　提供：鉄道博物館

なお、UCLの講義では、勝は数理物理学も受けている。鉄道を敷設するには数学や力学の知識も欠かせないと考えたからだ。まさに、鉄道へピタリと照準を合わせた科目選択である。

一方、山尾庸三は分析化学に続いて土木工学を受講した。この授業では鉱山、測量、鉄道、道路、河川、港、灯台、造船などの分野について講義がなされた。後日、庸三の主張によって明治三年（一八七〇年）に工部省が明治政府に設置されると、庸三は一貫して同省の中枢で活躍し、明治一三年（一八八〇年）には工部卿となる。その工部省における事業の多くが、この時、庸三が選択した土木工学の授業分野と重なり合っている。庸三は工業という国の基幹産業において、近代日本が積極的に展開推進すべき事業の種類と方向性を、ＵＣＬで学んだのである。

また遠藤謹助も勝と共に地質や鉱山を学んでいたと伝えられている。ただ、実際に謹助がどんな科目を分析化学に続いてＵＣＬで学んでいたのかは、あまりよくわかっていない。そういう意味では謹助は総じてプロフィールがよくつかめておらず、ミステリアスな人である。しかし、そのことは謹助が明治以降成し遂げたことを減殺するものでは間違ってもない。彼は日本人の手で造幣を成し遂げるという、大変な事業を現場で指揮したのだ。

「薩摩ナインティーン」

そんなある日のこと、勝と庸三、謹助はロンドンにいる彼ら以外の「日本人」に会いに行くことになった。えっ、井上馨と伊藤俊輔は日本に帰ってしまったあとだし、もうロンドンには彼ら三人以外には日本人はいないはずだと思われるかもしれない。いや、いたのである。それはこういうことだ。

薩摩の留学生一九名については前に記した。長州ファイブに遅れること約二年、彼らは一八六五年六月二一日（慶応元年五月二八日）にロンドンに着いたのだが、その薩摩留学生が泊まっている宿舎の近くで、彼ら薩摩留学生の渡航を請け負ったグラバー商会の世話役が、偶然歩いている勝たち三人と出くわした。世話役は驚いただろう。彼が運んできた日本人のほかに、ここロンドンにすでに日本人がいたのだから。で、世話役は宿舎に戻り薩摩の留学生たちにそのことを伝えた。彼らは自分たちよりも前から長州の留学生がこの地にいることを知ってびっくりした。

むろん勝たち三人も出くわした世話人から薩摩人がここに来ていることを聞いたにちがいないし、彼らの宿舎も教えてもらったはずだ。そんなわけで、三人は薩摩の留学生を訪ねようと決めたのである。

かくして長州人三人は、七月二日の日曜日、薩摩人の宿舎を訪ねた。最初は、双方はぎこちなかったという。それはそうだろう。薩摩の一九人が串木野を出港したのが一八六五年四月一七日（慶応元年三月二二日）で、その八カ月前に起こった長州と薩摩が戦った禁門の変を彼らは知っていたはずだ。だから長州人が訪ねてくると知って、「江戸の敵《かたき》を長崎で討つ」ならぬ

「京の敵をロンドンで討つ」になるとはさすがに思わないにしても、しかし何かはあるかもしれないと、緊張はしていたに違いない。

他方、勝たちにとっては、禁門の変の時にはすでにロンドンに来て一〇カ月経《た》っていた。仮に長州から手紙で知らせが来ていたとしても、その頃の長州人が禁門の変の敗北を根に持って「薩賊会奸《さつぞくかいかん》」と薩摩と会津を呼んだようには、憎んでいたりはしなかっただろう。やはりここからは遠い出来事であるのは間違いないし、なんといっても三人は勉学が第一である。まあ、長州の三人のほうから訪ねるくらいだったから、少なくとも敵愾心《てきがいしん》を抱いていたわけではない。勝たちにとっては、彼らが何の目的で来たのかを知りたくて、そういう意味でぎこちなかったと思われる。

そんな互いの当初の緊張は、しかし、すぐにほぐれた。ここロンドンで西欧の進んだ技術や学問を修めることがお互いの目的だとわかった時、双方はうち解けたのである。それは、いがみあった国内ではなかなか共有し得ない、外国に来てこそ初めてわかる、「ああ自分たちは同じ日本人だ」という、共通のアイデンティティを確認し合った瞬間だった。

勝、庸三、謹助の三人と、五代才助、松木弘安、森有礼、町田久成、畠山義成《よしなり》、鮫島尚信《さめしまなおのぶ》ら一九名の薩摩藩士は、これをきっかけに今後も会おうと約束し合った。坂本龍馬の仲介による薩長同盟の締結が一八六六年三月七日（慶応二年一月二一日）だから、ロンドンにおける薩長の融和のほうが八カ月早いことになる。

謹助、帰国する

ところで一八六六年の一月。遠藤謹助が帰国することになった。ヒュー・マセソンの回想録には次のように記されている。

About a year later, Endo, who had shown signs of pulmonary complaint, was advised to return home. The two who remained, Yamao and Nomura, made great progress.

（『伊藤博文伝』上巻参考文書 *MEMORIALS OF HUGH M. MATHESON*）

――（馨と俊輔が去ってから）およそ一年後、前から肺の病気の兆候があった遠藤は、帰国を諭され、日本へ戻っていった。二人が残った。山尾と野村であり、彼らの学業は著しい進展を見せた――

遠藤謹助の肺の病気がどの程度のものだったかはわからない。ただ、謹助は帰国時三一歳で、没した時の年齢は五八歳だった。決して長生きではないが、さりとて当時としては短命というわけでもない。何よりも帰国から亡くなるまでの二七年間、彼は日本における造幣技術の確立のため、大変な労苦をしてきた。してみると彼の肺の病気は、一部でいわれているような、当時では「死に病」といわれた不治の病の象徴の如き結核ではなかったと思えるのである。

仮に結核にかかり、血を吐くほどだったら、まず安静にして、しかるべき場所できちんと療養しないとあの時分では命が危うい。激務の造幣の仕事など、とてもしてはいられない。ゆえに謹助は学力が足りなかったから帰ったのだという見方もあるが、これもとってつけたようである。マセソンが記しているように、実際に謹助は何らかの肺の病気があったのだろう。ただ、それほど深刻ではなかったということだ。

謹助のことを先に進めると、彼は四月に横浜に帰着する。まだ慶応二年（一八六六年）、幕末で日本が混沌《こんとん》としていた頃だ。謹助は長州藩に戻り、英語力を買われてもっぱら藩が外国から武器や船の購入を交渉する際の通訳をしたりしていたが、明治の初め頃まではロンドンで学んだことを活《い》かす機会がなかった。謹助が造幣事業に関わるようになったのは、明治三年（一八七〇年）、その専門を期待され、新政府で造幣頭《ぞうへいのかみ》に就いた井上馨に呼ばれてからである。それからの彼は真っすぐに、造幣の道を突き進んでいく。

庸三、グラスゴーへ

五人がロンドンに来て二年と少し。残ったのは勝と庸三の二人だけとなった。この二人はこれから、それぞれ別の道を歩みながら、しっかり五年の留学期間を全うしていく。

山尾庸三は、薩摩からの留学生ととくに親しくなっていた。クーパー邸は井上馨が帰国してから庸三ひとりが下宿していたが、そこに薩摩からの一人が住むことになった。これら薩摩からの留学生たちはそれぞれの住む場所を決めた後、ほとんどがやはりUCLで学ぶことになっていく。勝たち五人を世話したウィリアムソン教授がUCLにはいるし、五人が来たことで日本人に親しんだウィリアムソン教授以外の先生や学生、大学スタッフもいたことだろう。勝や庸三たちパイオニアが敷いたレールの上を、後からやってきた日本人留学生が進んでいく。

その庸三は、UCLをやめる決心をした。造船の勉強を本格的に始めたいと、スコットランドのグラスゴーに行くことにしたのである。グラスゴーは産業革命発祥の地であり、造船都市として有名だった。おそらく、庸三のスコットランド行の背景には、マセソンの助言もあったと思う。先のマセソンの回想録からはそのようなことが読み取れる箇所がある。

薩摩の留学生のうち８名　前列左から町田清蔵、町田久成、磯永彦輔　後列左から田中静洲、町田申四郎、鮫島尚信、松木弘安、吉田已二　提供：鹿児島県立図書館

　だが庸三には、グラスゴーに行く交通費など、もろもろの費用がなかった。この頃、庸三や勝にとって、持ってきたお金はギリギリというか、そろそろ限界に達しつつあった。もちろん二人はＵＣＬでの聴講料や寄宿費、帰国の日に備えた渡航費などは、きちんと計算してしっかり確保していたには違いない。しかし、他国に住むということは、それ以外にもお金がかかる。そういうお金が庸三にはもうほとんどない状態だった。

　そこで動いたのが、薩摩の留学生たちだった。親しくなった庸三が造船を学びにグラスゴーに行く資金がないことを知ると、それぞれがポケットマネーから一ポンドずつ出し合い、合計一六ポンドを庸三に渡したのである。ロンドンにおける薩長の友情の一コマだ。

個性豊かな薩摩の留学生

この時、みんなでお金を出し合おうと取り決めた薩摩の留学生が、町田久成だった。ところでこの久成、上野に行くと会うことができる。東京国立博物館の、特別展をよく行う平成館のそばに彼の胸像があるのである。これは二〇一六年一一月一四日に除幕式が行われお目見えしたものだ。

町田久成胸像（東京国立博物館）筆者撮影

でも、そもそもなぜここに町田久成の胸像があるのかというと、彼は日本で初めての博物館を創設し、国立博物館の初代館長となった人物であるからだ。久成はユニークな人で、突如博物館館長を辞めたかと思うと出家して、園城寺《おんじょうじ》（三井寺《みいでら》）光浄院の住職となり石谷《せきこく》と号した。

ついでに主だった薩摩の留学生を紹介しよう。まず森有礼。彼は後に駐英公使となり、初代文部大臣にも就任して教育制度の近代化に尽くす。この人、英語を日本の国語にせよと主張した人物であり、その急進性が論議を呼び国粋主義者に暗殺される。畠山義成は日本の教育制度改革に従事し、東京大学の前身である東京開成学校の初代校長となる。鮫島尚信は外交官の道を歩み、フランス公使として在任中にその地で没する。

驚くべき生涯を送ったのが磯永彦輔《いそながひこすけ》（長沢鼎《かなえ》）である。磯永は一四歳でロンドンに来ると、すぐにスコットランド北部のアバディーンに行き、現地の中等学校に入る。その後森有礼らと共にアメリカへ渡り、普遍救済主義派の牧師トーマス・レイク・ハリスと共同生活に入る。そのハリスの死後は彼の財産であるカリフォルニア州サンタローザの牧場と葡萄畑《ぶどうばたけ》およびワイン工場を相続し、アメリカでワイン王となる。

大成功した磯永は日本の年号で明治、大正、昭和を生き抜き八三歳で生涯を閉じた。その間、日本へは二度しか帰らず薩摩弁と英語しか話さなかったそうだ。無理もない。一四歳で薩摩を出たという磯永の年齢は数え年であり、今の満年齢でいうと一三歳なのだから。

そんな磯永だったが、明治末年、旧薩摩藩の当主島津忠重（久光の孫）が士官候補生として乗り込んでいた日本海軍の練習艦がサンフランシスコに寄港した時、彼は馬車を仕立てて「殿」を出迎え、自分のサンタローザの屋敷まで丁重に運んだという（犬塚孝明『薩摩藩英国留学生』）。

ネピア造船所で揺さぶられたもの

かくして一八六六年秋、薩摩藩留学生の友情に支えられ、山尾庸三はグラスゴーに移った。この町で、庸三は貿易商のブラウン家に下宿する。そして昼間は大手のネピア造船所で見習い工として働いて造船技術の習得に務めるとともに、生活費を稼いだ。

このネピア造船所は船のエンジン製造では当時最先端の技術を有し、また船体まで船舶のすべての部分を製造しており、世界各地からの見習い工を受け入れていた。庸三は日中の造船所の作業が終わると、夜は地元のアンダーソンズ・カレッジに通い、自然哲学、無機化学、冶金学などを学んだ。

特記すべきは、庸三はこのネピア造船所で、職工の中に指を使って巧みにコミュニケーションを取り、見事な作業をする聾唖《ろうあ》の人たちを発見し、心を揺さぶられたことだ。言葉が話せず、聞くことができなくても、手話を使えば意思の疎通ができ、高い技術を持った職工になれるし、生活者として自立できる。この時、庸三は日本でも聾唖の人たちの能力を引き出す適切な教育の重要性を痛切に感じた。やがて庸三は明治日本で工業の興隆を推進するリーダーとなる一方で、わが国に盲唖学校を誕生させ、終生障がい者教育に携わっていく。

勝は働く

勝は、ＵＣＬでの勉学を続けるとともに、ウィリアムソン教授の手伝いなどをして、足りない生活費を稼いでいた。薩摩の留学生たちはしばしばウィリアムソン教授の家に行き、晩餐《ばんさん》を共にしながら親睦を深めていたことが伝わっているが、勝はそういう時に配膳係を務めていたという。おそらく勝はウィリアムソン家の雑用や、教授のＵＣＬでの講義や実習の準備など、アシスタント的な仕事もしていたのだろう。また、マセソンからも引き続き鉄道や鉱山の現場で、実習と労働報酬を兼ねた仕事を受けていた可能性も十分にある。

もちろん、お金は潤沢にあったほうが余計なことを考えずに学業に集中でき、いいに決まっている。ただ、働きながらギリギリでやっていると、案外学ぶことの貴重さ大切さを、身をもって感じることができ、勉学の成果が上がることは有り得る。

実際、勝や庸三にとっては、働いてやりくりするしか勉学を続ける方法がなかった。けれども明治日本で彼らが成し遂げたことを考えると、その留学は最大限の成果を上げたといえる。お金が足りなかったことは、彼らにとってはなにくそと発奮する最大のモチベーションとなったのだろう。

興味深いのは、勝が義勇兵で構成される小銃部隊に入って、軍事訓練したことである。先にあげたマセソンの回想録には、"Nomura joined a regiment of Rifle Volunteers." と書かれている。鉄道を学びつつ、長州藩から派遣された人間であることを忘れない。軍事を、藩の大事を考える。勝はやはりサムライなのだな、と感じる。それにしてもよく隊に入る時間を捻出したものだ。

大学の修了証書は「ノムラン」

時が過ぎ、一八六七年（慶応三年）一一月、勝は桂小五郎からの手紙を受け取った。そこには近々国政に大変革が起こるから、一刻も早く帰って留学で得た知識をこれから始まるであろう新しい政体に役立ててほしいという内容が記されていた。小五郎がこの手紙を出したのは大政奉還の二カ月前のことだ。大まかにではあるが、坂本龍馬から大政奉還に関する情報を得ていたのである。

しかし、勝はここで帰りたくはなかった。ＵＣＬでの勉学の課程はまだまだ続く。満足のいく知識と技術を身につけてからでなければ、帰国しても小五郎のいう新時代の役に立つことはできないと、痛切に感じていたのである。勝は小五郎に返事を出す。もう一〇カ月帰国を待ってほしい、自分の知識は役立つにはまだ足りないし、きっとグラスゴーの庸三も同じ思いでいる、と。だが、小五郎の帰国要請はその後も続く。

そんなプレッシャーの中、ついに一八六八年九月（慶応四年八月）、勝はＵＣＬでの勉学を終える。そして、“Certificate of Honour”（名誉証書）というタイトルの修了証書を大学から授与されたのである。なお、この修了証書だが、ここに記された勝の名は“Mr.Nomuran”となっている。野村ではなく、ノムランである。これにはわけがある。勝は酒が大好きで、お金が入った時は留学生仲間とよく飲みに行き、陽気で豪快な性格をいかんなく発揮した。で、仲間は勝のことを、野村をもじって「呑《の》む乱」と綽名《あだな》した。してみると多少酒乱気味だったのかもしれない。

ともかく、勝自身もこの名が気に入ってしまい、学校でも「ノムラン」と自らを名乗った。そんなわけで修了証書もそうなったということである。まあ、勝本人にも大変貴重で生涯の宝となった修了証書であることは間違いない。そう、これは紛れもない宝だ。なぜなら海を渡ってロンドンに来て、ＵＣＬに入った井上馨、伊藤俊輔、井上勝、山尾庸三、遠藤謹助の五人のうちで、ＵＣＬの修了証書をもらったのは勝だけなのだから。

イギリスという国の「近さ」

それにつけても思う。勝たち五人が来たイギリスという国は、そもそも彼らの留学先としては非常に適していたのではないか、と。これは筆者が留学時代に感じたことだが、イギリス人は性格的に日本人とどこか似ているところがある。彼らは割合遠慮深く、謙虚なところがあり、基本的に質素で忍耐心もある。

こういう資質が粗食で幾日も荒い航海に耐えなければならない船乗りにはぴったりだったわけで、ゆえになぜイギリスが近代に海洋国家として発展していったのかがわかるのだが、しかし個人主義が強く自己主張の固まりのような気質のフランス人と比べれば、イギリス人は確かに地味で口下手である。

よく巷《ちまた》で、イギリス人がフランス人と会話すると、フランス人があまりにも勢いよく喋りまくるのでイギリス人がどんどん押されて後ろに下がり、終《しま》いには壁に押し付けられるようになってしまうといわれる。まあ、まんざら外れというわけでもないだろう。

だからといってイギリス人は気が弱いということではまったくない。彼らは穏やかながら、古《いにしえ》のアングロサクソン戦士社会より受け継ぐ尚武の心があり、日本の剣道や弓道にリスペクトを払う人は決して少なくない。イギリスはヨーロッパで剣道が盛んな国であり、全英剣道連盟（ＢＫＡ＝British Kendo Association）という団体があって老若男女、いろいろな剣士たちが各地で鍛錬に励んでいる。剣道の世界選手権が開かれたこともある。

もちろん長州ファイブが来た頃はこんな組織はなかったわけだが、それでも彼らが武士であったことは、イギリス人の気質を考えれば好感を持って迎えられたのではないだろうか。控えめなイギリス人が、武士としての自律精神と潔さを持った長州の五人と接した時、イギリス人自身も近いものを感じた。ウィリアムソン教授を始め、マセソンなど彼らに関わったイギリスの人々は、よし、連中を支えてやるぞという気が自然と湧いてきたのかもしれない。

筆者もＵＣＬ留学中は先生たちにずいぶん助けられた。もっともそれは、若くはない中年の、英語もなんだかあやしい筆者が留学してきたのを見て、おいおいこいつ大丈夫かと先生たちが心配になり、ほかの若い留学生よりは多少親身に世話してくれた部分も大きい。年齢が先生たちと大して変わらず、ゆえに彼らと大人の話ができ人間関係を深められたことが、つまり筆者の場合、中年で家族持ちだったことが、留学がうまくいった理由の一つとなった。

これは物静かで初めはとっつきにくいが、心が通じ合えば徹底して付き合ってくれるというイギリス人のよさである。長州の五人組にとっては、こういうイギリス人の気質が大変ありがたかったことだろうと、今、考える。おっと、余談が長くなった。

さらば、五年間のロンドン!

ついに、井上勝はＵＣＬから修了証書をもらった。しかし本当は、もっともっと学びたかった。修了証書はあくまでも形だけのことであり、新しい日本のため真に役立つ人間となるには、さらに実践的な知識や技術を身につけないと駄目だということは十分すぎるほどわかっていた。だが、もうこれ以上は帰国を延ばすことはできない。勝は決心した。グラスゴーの庸三とも連絡を取り合い、未練は残るが共に日本に帰ることにしたのである。

大学で、また日々暮らして行く上で、五年間言葉に表せないくらいお世話になったウィリアムソン教授、そしてキャサリン夫人。実習場所や仕事の手配をしてくれたヒュー・マセソン、薩摩の友人たち……ロンドンの親しい人たちに別れを告げ、グラスゴーから帰ってきた庸三と一緒に、勝は船に乗った。そして一八六八年一一月三〇日(明治元年一一月一七日)の夜、二人は横浜港に着いた。この時、井上勝二六歳、山尾庸三は三一歳。時代は明治になっていた。

第九章 「鉄道の父」へ

鉄道頭《てつどうのかみ》となる

井上勝《まさる》が鉄道頭に就任したのは明治四年（一八七一年）八月一五日だった。勝はすでにこの時、鉱山頭だったので兼任ということになる。鉄道頭は、この頃できたばかりの工部省の管轄下にあった鉄道寮という、鉄道事業を推進する部門のトップの役職である。なおこの鉄道寮は、明治という時代がどんどん進むにつれ、鉄道局へ、さらには鉄道庁へと発展していき、トップもそれにつれて鉄道局長、鉄道庁長官と呼ばれるようになる。

勝をこの鉄道事業の責任者である鉄道頭に据えたのは、幕末・維新の激動を駆け抜け、新政府の重要メンバーとなっていた井上馨、そして伊藤俊輔、おっと、明治になってからはお馴染みの名前に改めていた伊藤博文だった。

――鉄道をやるには、この男しかいない――
二人は政府内でこういい放っていた。先に日本に戻って活躍していた馨と博文は、後から帰ってきた仲間をしっかりと明治政府に引き上げたのだった。

そんな井上勝は、横浜に着いた四日後の明治元年一一月二一日（一八六九年一月三日）、庸三と共に東京の桂小五郎改め木戸孝允邸を訪ねた後、一旦故郷の長州へ戻っていた。自分たちを送り出した藩に何より帰朝報告をしなければならないし、親が首を長くして待つ実家に一刻も早く帰りたい。萩で父の勝行と再会した勝は以降、野村弥吉から井上勝と名乗ることになる。すでに述べたように勝のロンドン滞在中、勝行は万が一息子の密航が幕府に発覚しても野村家に累が及ばないよう、養子縁組を解消していた。

長州藩は、近代の知識を身につけて帰ってきた勝に、早速藩の炭鉱を管理する鉱業管理の職を命じた。勝はこの藩命に少しの間従っていたが、明治二年一〇月（一八六九年一一月）、木戸から東京に戻るよう呼び出される。「子爵井上勝君小伝」（村井正利撰）には、この間の顚末に関し、次のように記されている。

「……公（井上勝のこと――筆者註）の帰朝《きちょう》するや巳《すで》に王政維新の後に在《あ》りと雖《いえど》も尚《な》お藩県《はんけん》の制度を存せり／故に先つ《まず》山口に帰藩《きはん》して復命す／時に藩庁《はんちょう》は庶政更革《しょせいこうかく》して方《ま》さに開進の方針を執《と》れり／公の新智識を齎《もたら》し帰藩するを見るや懽迎措《かんげいお》かす直《ただ》ちに礦業《こうぎょう》管理の職を命す／是《これ》より先《さ》き木戸孝允公は既に朝廷の上に立てり／上奏して公を徴《ちょう》す／藩吝《おし》みて出さゝらんとす／木戸公諭《さと》すに地方に小用するは中央に大用するに如《し》かさる理由を以てす／藩論為《ため》に屈し公乃《すなわ》ち東上す／明治二年十月造幣頭《ぞうへいのかみ》に任せられ鑛山正《こうざんせい》を兼ね正六位に叙せらる……」

（ルビと文の区切りのための／は筆者）

藩当局は、ようやく帰ってきた勝を、留学資金を出したことでもあるし新政府に差し出すのは渋ったようだが、右にあるように地方で小さな用をするよりも中央で大きな仕事をすることが遥かに有意義であるとの木戸の論に、しぶしぶ従わざるを得なかったことがわかる。長州藩は結局のところ、勝を始め、五人に渡した留学資金五〇〇〇両は、まあ、取られっ放しとなったわけだ。その長州藩も、ほどなく明治四年（一八七一年）一一月に廃藩置県で山口県となり、藩は消えてしまう。新生日本はどんどん革新していく。

かくて井上勝は勇躍上京し、技術官僚としての道をいよいよ踏み出したのだが、勝の新政府内の最初の役職は大蔵省造幣寮造幣頭兼民部省高山司鉱山正だった。「鉄道の父」のキャリアのスタートが造幣頭というのが面白い。せっかくのロンドン帰りの貴重で有能な人材を、長州あたりでみすみす燻《くすぶ》らせていてはたまらない。とりあえず何でもいいから役職を与えて、新政府で勝をがっちりつかまえるということだったのだろう。

まずは鉄道推進派の通訳として

その東京で、勝は伊藤博文の屋敷にまずは住み込みながら、伊藤や大隈重信たち、すなわち明治政府の鉄道事業推進派として頭角を現してきた彼らの通訳として働き始めた。この時分の勝の主要な仕事が、既述の、幕末に幕府が江戸―横浜間の鉄道敷設権をアメリカに認めた「ポートマン事件」解決のための交渉の場に通訳として臨んだことだった。この問題は、アメリカがその後もいろいろいってきたが日本側は無視し、結局うやむやになって自然と収まった。

勝は引き続き、大隈、伊藤、岩倉具視《ともみ》ら日本側と、英国公使パークスとの会談に通訳として同席する。その結果、明治政府はイギリスの東洋銀行の全面融資を受けることとなり、いよいよ明治二年一一月一〇日（一八六九年一二月一二日）、東西両京間（現在の東海道線）、東京―横浜間、琵琶湖《びわこ》―敦賀《つるが》間、京都―神戸間の一幹線と三支線の鉄道敷設が、廟議《びょうぎ》で正式決定された。

ついに鉄道時代が到来したのである。

早速、イギリスからエドモンド・モレルを建築師長とした外国人鉄道技師の一団が来日し、彼らの監督のもと、明治三年(一八七〇年)六月に東京—横浜間の鉄道敷設工事が始まった。だから、勝はこの日本初の鉄道工事に始めからは加わってはいない。彼が直接に顔を突っ込んでいくのは工事途中の、冒頭で述べた明治四年八月、伊藤や井上馨の強力な推しで鉄道頭に就任してからだ。以降、明治二六年(一八九三年)三月、鉄道庁長官を辞めるまでの二一年余り、勝は明治日本の鉄道事業の陣頭指揮をとっていくことになる。

ところでこの建築師長エドモンド・モレル、偶然にもUCLのウィリアムソン教授の知人だった。モレルは明治に来日した多くの「お雇い外国人」にありがちな高慢な態度を取ることは少しもなく、日本の工業行政のために建設的な提言を何度もし、一緒に来日した夫人共々誠実な人だったという。だから伊藤博文も井上勝もほかのお雇い外国人はともかく、モレルには好感を抱いていた。が、惜しむらくは来てほどなく、肺結核で明治四年九月に没してしまった。夫人も夫の後を追うように四日後、この世を去った。

さて、勝は鉄道頭に就任するや、精力的に動き出す。

「……是より倍々剛毅《ごうき》の性を発揮し一面は英京修得の風儀作法を以て能《よ》く雇聘《こへい》外人の驕傲《きょうごう》を制し一面は長袖紈袴《ながそでがんばかま》の旧習《きゅうしゅう》を排し躬《みずから》工夫に先《さき》だちて指揮監督に努む……」

（「子爵井上勝君小伝」。ルビは筆者）

元来が豪胆な性格に加え、最新の鉄道知識と技術を修得し、しかも西洋の習慣にも明るい勝は、工事の現場で鉄道の知識がない日本人に勝手な指示をする外国人技師に、持ち前の英語力で毅然と是正を促した。しかし、悔しい思いもした。

こんなことがあった。ある時、勝が汐留《しおどめ》の枕木製造所に行くと、多くの大工が枕木に鉋《かんな》をかけている。そもそも半分路線の砂利に埋まる枕木には鉋をかける必要はまったくない。で、勝がどうしてそんなことをしているのだと聞くと、大工たちは外国人技師が命じたという。また、枕木にはまったくそぐわない、すぐに腐ってしまう松を外国人技師たちは使わせていた。

勝の眼には、外国人技師たちが必要以上にお金を使ったり、人手を使ったりすることを意図的にやっているように見え、それを注意すると、彼らは任された仕事をできるだけ立派にやろ

新橋—横浜間鉄道錦絵

うとしているのに、口やかましくいわれたのでは誠意のある仕事ができなくなると、いい返してきた。伊藤や大隈に工事の進展ぶりを尋ねられると、勝は日本人だけでやれるようにならなければ駄目だと答えたという（『井上勝伝』）。

勝はまた、羽織、袴、陣笠といった江戸時代そのものの出《い》で立《た》ちで測量作業にあたっている鉄道寮の役人たちの服装を見て、これでは動けないと、洋装の作業衣や、和装でも腕の動きが妨げられない袂《たもと》のない筒袖や、脚の自由が利く股引《ももひき》を身に着けるようにと明治政府中枢（太政官《だじょうかん》）に提言しすぐに許可された。

この、東京—横浜間は日本最初の鉄道敷設工事だったので、すべてが外国人技術者の監督・指導で行われた。それでも最高責任者の勝は、あちこちの現場に出向いて、時には外国人技師とぶつかりながら陣頭指揮をとった。そして、明治五年九月一二日、この記念すべき鉄道は全線一八マイル（約二九キロメートル）が開通するに至る。なおこの少し前、勝は鉱山頭を免ぜられ、鉄道頭専任となった。名実ともに鉄道事業を専門とする明治政府の技術官僚となったのである。

日本初の鉄道を見る人々……

ついに日本に鉄道が走る。この、「まさにこれぞ文明開化」といっても過言ではない、馬や牛が牽《ひ》くのではなく蒸気で走る乗り物を、当時の人々はどのような気持ちで眺め、迎えたのだろう。『井上勝伝』には面白いことが書かれている。

「汽車何者ぞ！」と、ある浪人武士は馬に乗って競走し、まったく勝負にならなかったという。また、人々が朝早くから弁当持参で汽車見物に来たのはいいが、いざ黒い煙を上げて猛烈な勢いと音で迫ってくる汽車を見て、ある者は「喰《く》われやしねえかな」と心配になり、ある者は両手で耳をふさぎ、ある者は両眼を閉じ、汽車が通過していったあとで、「たまげた、たまげた」、「俺は音しか聞かなかった」、「よく見ておけばよかった」とかいいあったりしたそうだ。

あるいは、一人の男は到着したばかりの機関車に蒸気の水粒がいっぱいついているのを見て、「陸蒸気《おかじようき》があんなに汗かいてらあ、暑いんだろう」と、どこからか水桶を持ってきて機関車に水をぶっかけ、近くにいた鉄道従業員に「こら貴様、何をする！」とこっぴどく叱られたり。

当時、政府は華士族でなければ鉄道従業員に採用せず、新橋の駅長や副長ともなればそれはそれは大したもので、金モールでピカピカの制服を着て大威張りで駅構内を巡視したという。ゆえに部下の従業員はもちろん、お金を払った乗客までもが駅長たちの巡視に遭遇すると土下座せんばかりの平身低頭で彼らが通り過ぎるのを待ったそうだ。まあ、こういう話がずっと残り、今日まで伝わっているほど、鉄道の出現は大変な出来事だったわけだ。

庸三と大喧嘩《おおげんか》

鉄道頭として、人々が大興奮した東京―横浜間の日本初の鉄道を開通させた勝は、しかし間もなくこの鉄道頭を辞めてしまう。えっ、なぜ？

じつは、山尾庸三と喧嘩したからである。顚末はこうだ。明治二年（一八六九年）に政府が敷設を決定した先の一幹線と三支線のうち、京都―神戸間については、まずその第一段階の大阪―神戸間の鉄道敷設工事が、東京―横浜間の工事に遅れることほんの四カ月で、つまりほとんど同時に始まっていた。

だがこの阪神間の工事は遅れに遅れていた。それは、この間には河川も多く、京浜間と違って木橋ではなく鉄橋を架けたり、鉄道トンネルを掘らなければならない難所がいくつもあった。

工事監督はイギリス人技師だったが、なかなか工事は進捗せず、いつになったら開通するのかまったく目途が立たなかった。

加えて、まだまだ電信電話が発達していなかった頃であり、東京の鉄道寮からの指示を思うように伝えられず、不都合が生じていた面もかなり大きかった。そこで井上勝は、鉄道寮を大阪に移そうとした。現場第一主義の彼にとっては最善の解決策だった。

これに猛反対したのが、工部少輔《しょうゆう》（副次官）の山尾庸三である。工部省は庸三の建言により設立された機関であり、鉄道寮はその管轄下にある。つまり役職では、庸三は勝のボスということになる。彼には鉄道の中央機関である鉄道寮を地方に移すことなど考えられず、必要ならば関西に人を派遣すればいいではないか、といって譲らなかった。

これはこれでよくわかる。なんといっても明治政府はまだできたばかりであり、本拠地の東京の機構をしっかりと固めていかなければならない。そんな大事な時期に、たとえ一つでも政府の機関に地方に行かれてしまってはたまったものではない。鉄道寮の大阪移転は、とりわけ工部省は俺が創ったという自負がある庸三にとっては、腹に据えかねる重大事だったのである。

じつはこの二人、工部省に属した時から、互いの意見が何かと食い違い、対立がままあったという。一緒にロンドンに渡った身ではあった。だが、庸三はクーパー邸で一緒だった井上馨が先に帰国して一人になったあとも、勝と謹助がいるウィリアムソン教授の家には移らず、結局薩摩の留学生と住むようになった。もしかしたらすでにこのあたりから、二人がそんなにしっくりいっていたわけではなかったのかもしれない。

鉄道寮、大阪へ

井上勝がうち解けていたのは、伊藤博文だった。五人のうちで出会ったのが最も早かったし年齢も近い。勝を鉄道頭に引き上げたのも伊藤だ。しかし、庸三とこの対立が起こった時、伊藤は日本にいなかった。岩倉具視、木戸孝允、大久保利通らと一緒に、「岩倉使節団」の一員として明治四年（一八七一年）一一月から明治六年九月まで、アメリカ合衆国、ヨーロッパ諸国を歴訪していたのだ。

つまり勝にはこの時、強い「味方」がいなかった。で、豪放だが一本気、頑固なところがある勝は、庸三が鉄道寮の大阪移転を認めないのに腹を立てて、鉄道頭をさっさと辞めてしまったのである。もっともこの問題は伊藤が日本に帰ってくるなり、勝を鉄道頭に戻して収めた。鉄道寮も大阪に移ることになった。伊藤は、鉄道を任せられる人間は勝しかいないと確信していた。勝は鉄道寮の職員百数十名を引き連れ、意気軒昂《けんこう》に東海道を歩いて大阪に行った。

かくして京都—神戸間は、先に開業していた神戸—大阪間を合わせて明治一〇年（一八七七年）二月に全通する。この直前の一月、鉄道寮は廃止となり、工部省には新たに鉄道、鉱山、電信、工作など一〇局が置かれ、井上勝は鉄道局長となっていた。そんな彼がすぐにやったのが大阪停車場の二階に開設した工技生養成所だった。一刻も早く日本人技術者だけで鉄道敷設を実現できるよう人材の育成が急がれたのである。教壇には外国人技師を始め、勝も立った。

西南戦争に大活躍した路線

ところでこの全通した京都—神戸間の鉄道は、明治政府初期の大試練となった西南戦争（明治一〇年二月—九月）で大いに活躍している。この時政府軍は征討総督（総司令官）に有栖川宮《ありすがわのみや》熾仁《たるひと》親王を立て、参軍（副司令官）に陸軍中将山県《やまがた》有朋と海軍中将川村純義《すみよし》を任じ、本営を大阪に置いた。この政府軍の兵員や物資の輸送に、短い区間ながら同線は全力でその任にあたった。これは鉄道を使ったわが国初の軍事輸送であり、政府軍の迅速な作戦展開に貢献した。

対照的なのは西南戦争を起こした西郷隆盛である。西郷は黒田清隆と並んで、鉄道敷設に猛反対した政府の大物だった。明治の初め、鉄道建設の議論が政府内でなされていた時、西郷はやたらに外国を羨んだり真似をしたりしてはならず、まずは国家の根本を固くして兵勢の充実に努めるのが肝要だと主張した。

この理屈はおかしい。西郷は軍人である。ゆえに兵勢の充実に努めるならば兵站《へいたん》、すなわち軍事輸送・補給の重要さは誰よりも認識していなければならないはずで、たとえその時は鉄道に無知であっても、それがどんなものかという説明を聞いたなら、軍人であれば飛びつくはずだ。むしろ先頭を切って鉄道賛成論者にならなければいけない。鉄道に反対した者がその鉄道にやられる。なんという皮肉だろう。

一方、鉄道推進派の大隈重信を「奸臣賊子」とまでいった黒田清隆はアメリカ、欧州視察(明治四年一月―五月)から戻ってくると一転、鉄道に反対したこれまでの非を詫び、その後は鉄道敷設に積極的に協力する。百聞は一見に如《し》かず。外遊先で実際に鉄道を見、その働きを知るに及んで、黒田は腰を抜かしたのだろう。この、潔く自分の誤りを認めた黒田の言葉に勝と大隈は感激し、いつまでも黒田に好感を抱いていたという(『井上勝伝』)。

日本人の手で開通!

京都―神戸間は全通したものの、明治政府が描いたその先の鉄道敷設は思うように進まなかった。これは西南戦争の厖大な出費で鉄道計画にブレーキがかかった側面もあるが、実際には戦争前から予算不足で工事は滞っており、ゆえに勝は明治九年（一八七六年）二月、工部卿である伊藤に鉄道の敷設を急ぐべきとする建議書を出している。だが多忙な伊藤が返事をしないでいると、勝は伊藤に二度目の建設催促の建議書を同年一二月に出す。さらに翌明治一〇年二月には三度目の建議書を、今度は太政《だじょう》大臣三条実美《さねとみ》に出す。

自分を飛ばされた伊藤は慌てたが、これで肚《はら》が固まった。明治一一年四月、政府は西南戦争後一二五〇万円の内国起業債を募集し、募集実額一〇〇〇万円のうち、二一四万円を鉄道建設費に振り分けた。これで京都―大津間、米原《まいはら》―敦賀間の鉄道敷設に目途が立ち、東京―高崎間の線路測量費もできた（『井上勝伝』）。

してやったりの勝が早速挑んだのが、前述の工技生養成所を出た若い技師たちを核にして、日本の鉄道事業の画期とすべく、京都―大津間を結ぶ延長一八・二キロメートルの大津線の敷設だった。とくにこの区間に造る逢坂山《おうさかやま》トンネルは難工事が予想され、お雇い外国人たちはもちろん明治政府の懐疑派役人たちまでもが、日本人にはとうてい無理だといって憚《はばか》らなかった。

が、勝は設計こそ外国人技師に委ねたものの、着工当初からすべての工事現場において外国人技師を参加させなかった。勝は草鞋に脚絆《きゃはん》姿であちこちの現場を飛び回り、時には自ら測量機器を担ぎ、作業員たちの中に入っては激励した。

結果、ついに逢坂山トンネルを含めた大津線の全線は日本人の手で完成し、明治一三年（一八八〇年）七月、開業する。大津線を成し遂げた自信を胸に、ここに参加した中堅日本人鉄道技師たちは、次の敦賀線工事の、そしていよいよ東西両京線、すなわち東海道線敷設工事の主力となっていく。

東海道線は敵艦の砲撃を受ける？

ところでこの、東京と京都を結ぶ路線は今でこそ東海道線と呼ばれるが、そもそもは中山道《なかせんどう》を通って両京を結ぶ計画だった。東京から高崎、高崎から松本、松本から中津川、中津川から加納（岐阜）、加納から米原、そして大津、京都というルートが当初提起されていたのである（老川慶喜『日本鉄道史　幕末・明治篇』中公新書）。これは外国人技師ボイルによる明治七年（一八七四年）および明治八年の調査に基づくもので、井上勝もこの中山道路線で工事を進める予定だった。

なぜ東海道ではなかったのかというと、もともと東京と上方の間は船の交通が盛んであり、鉄道を敷設するまでもないと考えられたことや、大きな河川が多く架橋工事で困難が予想されること、さらには海岸に沿った鉄道は敵艦からの砲撃を受けやすいという、山県有朋あたりの陸軍から突っつかれた国防上の問題があったということだが、本当に山県がそんなことをいったのかはよくわかっていない(『井上勝』)。

また、この頃、私鉄が登場し始め、明治一四年(一八八一年)一一月には日本鉄道会社が設立され、東京—青森間の、今でいう東北本線の敷設がスタートしていた。この日本鉄道会社の第一区間である東京—高崎間は、中山道線と共有できるので鉄道局には都合がよく、勝は鉄道局長としてこの会社を監督しながら、実際の仕事の指揮をとることになる。こんな具合に日本の鉄道事情がたいぶ賑《にぎ》やかになってきたので、勝と鉄道局はこの年、東京に戻ってきた。

鉄道庁長官となる

しかし、である。次第に中山道線はとんでもなく工事が難しいことがわかってきた。東海道には大きな河川があるとはいえ全体的に地形は平坦である。対して、中山道は急峻《きゅうしゅん》な山岳地形ばかりだ。まあ、今なら地図を見れば誰でも気がつくことだ。中山道は工事に莫大《ばくだい》なお金がかかり、しかもいつ完成するか予測がつかないことが明らかになった。

海岸近くの線路は敵艦から大砲を撃ち込まれるということを問題にしたところで、もともと日本は山だらけの国であり、これは鉄道建設が進捗してきてからおのずと知られてきたことだ

伊藤博文
提供：朝日新聞社／PPS 通信社

が、鉄道を敷く土地はどこも海岸近くのわずかな平地しかない。よって日本に鉄道を敷く以上、そもそも問題にしてはいけないことだ。基本的にそれは軍隊の役割であり、仮に敵艦が来たら日本海軍に沈めてもらえばいいのである。

路線を再考すべき、いや、しなければならない。勝が潔いのは、そのことがわかるとすぐに東海道線への変更を決断したことだ。山県有朋にも納得してもらった。そこは同じ長州藩、理を尽くせばわかってもらえる。時あたかも明治政府は、ついに足軽からわが国初の内閣総理大臣に昇りつめた俊輔、いや伊藤博文が牽引している（第一次伊藤内閣、明治一八年〈一八八五年〉一二月二二日―明治二二年四月三〇日）。伊藤は明治一九年、勝の東海道への路線変更をすぐさま承認した。

この時、工部省はすでに廃止され、鉄道局は内閣直属になっていた。明治の政府機関の刷新は著しいスピードで進む。勢いのある時代は今から見ても気持ちがいい。内閣総理大臣の伊藤博文は、名実ともに井上勝のボスとして、その鉄道事業を強力にサポートしていく。

かくして明治二二年（一八八九年）七月、東京―神戸間の東海道線は全通した。路線変更して三年余、大変な速さでわが国の鉄道大基幹線が開通したことになる。そして翌明治二三年九月、内閣直属の鉄道局は内務省の所轄に移って新たに鉄道庁となり、勝はとうとう鉄道庁長官となる。四八歳だった。

小岩井農場を造る

待望の東海道線の開通以降も、勝はさらに精力的に鉄道事業に邁進するが、変わったこともやっている。日本鉄道会社の東京—青森間の鉄道敷設に、勝が一役買っていることは前に述べた。その工事の過程で、明治二四年（一八九一年）に彼は農場を造った。これが小岩井農場で、盛岡市の北西、岩手山の南麓に広がる現在でも日本最大の広さを持つ民営農場だ。勝は贖罪《しょくざい》の気持ちからこれを造ったという。

——自分は、国のためとはいえ鉄道敷設工事を推進する上でたくさんの用地を買収し、多くの良田を潰してきた。だから今ここに広がっている荒地を開墾し、農業や牧畜の用に供せるようにすれば、土地の人々も喜ぶだろう——と。

まあ、これは一般に広まっている「美談」であり、なぜ勝がこの農場を造ったのかという本当の動機は、諸説紛々である。ちょうど子爵になったところだったので、いろいろお金が必要になり、それに見合った自分の経済基盤を作りたかったという見方もある（『井上勝』）。

ただいずれにせよ、鉄道一筋の勝には牧場経営はやはり無理だったようで、牧場の出資者の一人だった三菱会社の総帥岩崎弥之助に経営を譲渡している。なおこの小岩井農場、日本鉄道会社副社長の小野義真《ぎしん》の「小」、三菱会社の岩崎弥之助の「岩」、そして鉄道庁長官井上勝の「井」がその名の由来であるのは、よく知られているところだ。

乱立する私鉄への危機感

鉄道庁長官となった勝には、この国の鉄道の将来のためになさなければならないことがあった。鉄道の国有化である。前述の、わが国初の民間鉄道である日本鉄道会社が明治一四年（一八八一年）に誕生して以来、明治一八年に阪堺《はんかい》鉄道、明治二一年に水戸鉄道、両毛鉄道、山陽鉄道、伊予鉄道、明治二二年には甲武鉄道、関西鉄道、大阪鉄道、讃岐《さぬき》鉄道、九州鉄道、北海道炭礦鉄道など、わずかな間に鉄道会社が次々と創設されていた。

この間は、いわゆる「明治一四年の政変」で大隈重信が失脚した後、大蔵卿に就任した松方正義《まさよし》が中央銀行（日本銀行）を創立し、俗に「松方財政」と呼ばれる低金利政策を実施した結果、日本の企業が勃興期を迎えた勢いのいい頃だった。ちょうど日本鉄道会社が好調なこともあり、企業家や裕福な地主、商人など投資家の眼は鉄道へと向かっていった。明治政府も東海道線のような基幹線は国が敷設し、地方はある程度民間に任せるというスタンスだったから、企業家の私鉄への参入はやまなかった。むろんこれら私鉄の敷設には多くの外国の資材や技術者を必要とした。

こうして明治三三年（一九〇〇年）には、全国で私鉄の数は四一社に達していた。しかしそのうち、日本鉄道会社を筆頭に山陽鉄道、九州鉄道、北海道炭礦鉄道、関西鉄道といった五大私鉄と当時呼ばれた大手私鉄はともかく、大多数は開業距離が五〇マイル（約八〇キロメートル）に満たず、中には龍崎《りゅうがさき》鉄道（茨城県）、西成《にしなり》鉄道（大阪府）、河南鉄道（大阪府）、佐野鉄道（栃木県）といった開業距離が一〇マイル（約一六キロメートル）もない経営の貧弱な私鉄路線もあった（『日本鉄道史　幕末・明治篇』）。

とにかくひどい民間の乱立状態になってきており、増え過ぎた私鉄を排除し路線を整理再編しなければ鉄道の将来はないと勝は危機感を強めていた。そのためには鉄道国有化しかなく、ゆえに勝は私設鉄道買収法案を国会に提出すべきであると政府に強く主張した。

鉄道国有化への高まる批判

だがこれがうまくいかなかった。それどころかこの法案を勝には不本意な形で修正した鉄道敷設法が明治二五年（一八九二年）に成立し、かえって私鉄は勢いを増していった。同時に、私鉄を締め出そうとする「専横」な鉄道庁長官井上勝に対する民間鉄道業者や実業家の批判の声が、大合唱の体を成してきた。勝の鉄道国有論は彼の権力を強大化するための手段にすぎないとか、鉄道庁の井上勝というよりは、井上勝の鉄道庁であるといった批判論の噴出である。

加えて、井上勝は議会での答弁が決してうまくはなかった。元来が鉄道一筋で現場主義の勝は議会というものに馴染めず、答弁はよくいえば率直、悪くいえば頑固で融通が利かず、およそ社交辞令というものがなかった。そんな勝の姿に反感を抱く者も政府内には出てくる始末で、評判は落ちるばかりだった。

あたかも第二次伊藤内閣の時であり、盟友伊藤が再び総理大臣だった。しかし今回は伊藤も、また同内閣の内務大臣だった井上馨も、勝をかばいきれなかった。明治二六年（一八九三年）三月、鉄道庁長官となって二年半。勝は職を辞することになった。時に五一歳。鉄道頭に就任してから走り続けた二一年間の、鉄道専門技術官僚としてのキャリアはここに幕を閉じた。だが、勝の鉄道人生そのものは、どっこいまだまだ終わらない。

エピローグ　幕末・明治を駆けた長州ファイブ

さて、鉄道庁長官を辞した井上勝《まさる》の生涯の続きを語る前に、彼の仲間たち、すなわち長州ファイブのほかの四人、山尾庸三、遠藤謹助、井上馨、そして伊藤博文のその後を、急ぎ足で紹介したい。

［山尾庸三］

日本の工業を育てる

五年間のイギリス留学期間を全うし、明治元年（一八六八年）に井上勝と同じ船で横浜に帰ってきた山尾庸三は、一旦長州藩に帰り、藩の海軍局教授方助役となって藩士たちに造船学を教えていた。が、間もなく明治新政府の主要メンバーとなっていた井上馨と伊藤博文から東京へ呼び出され、明治三年四月民部省に入り、造船所である横須賀製鉄所事務取扱を拝命する。

同時に庸三は日本の近代工業興隆に向け、政府に工部省の設置を強く要望し続ける。その結果、明治三年閏《うるう》一〇月、待望の工部省が誕生し、工部権大丞《ごんのだいじょう》に命じられた庸三は精力的に動き出す。彼はまた、日本の工業化のためには何よりも日本人の技術者・専門家を育てることが急務と痛感し、工学校の設立に動く。

かくして最初の工学校である工学寮は明治六年（一八七三年）一〇月に開校し、やがて工部大学（現在の東京大学工学部の前身）へと発展していく。この工部大学の学長となったのが、庸三と同じスコットランドのアンダーソンズ・カレッジ出身のヘンリー・ダイアーだった。なお、ここで教鞭をとった外国人教師たちが帰国する際に歌っていったのが、スコットランド民謡の*Auld*《オールド》 *Lang*《ラング》 *Syne*《サイン》であり、わが国では「蛍の光」として、今に伝わっている。

山尾庸三
提供：近現代 PL／アフロ

庸三は明治一三年（一八八〇年）に工部省のトップである工部卿となり、また明治一五年（一八八二年）には工学会（現在の日本工学会）の会長に、さらには明治一八年（一八八五年）には、第一次伊藤内閣の法制局長官となっている。

障がい者教育のパイオニアとして

そんな庸三はすでに述べたように、障がい者教育実現のため先覚的な働きをしている。彼は明治四年（一八七一年）という極めて早い時期に盲唖学校設立意見書を政府に出し、明治一三年には先鞭となる盲唖教育施設である楽善会訓盲院の開設にこぎつけている。また大正四年（一九一五年）に日本聾唖協会が設立されると、その総裁に就任した。

ネピア造船所で見た手話でコミュニケーションする人々に深い感銘を受けた山尾庸三。明治政府の技術官僚としての彼とはまた別の、ヒューマンな一面である。大正六年一二月二一日、庸三は八一歳で没する。最後まで生きていた長州ファイブだった。

[遠藤謹助]

日本人の手で造幣を

遠藤謹助が造幣の仕事に関わるようになったのは、明治三年（一八七〇年）一一月、井上馨に呼ばれて造幣権頭に就任してからだ。それまで造幣頭を務めていた馨が大蔵少輔に昇進したので、ロンドンで造幣を学んでいた専門家の遠藤謹助と交替したのである。

造幣寮（局）は、新政府がまだ京都にあった幕末と明治の端境期に、大阪に設立されることが決まっていた。以来現在までずっと大阪にあるわけだが、もちろん当時は日本人の手ではとても造幣などできず、貨幣を造る機械は香港にあったイギリス製のものを船で大阪に運んできた。そういう観点からも水利がいい大阪は造幣寮の立地にはうってつけだったのである。

問題は、造幣の技術指導をするトーマス・ウィリアム・キンドルを団長とした外国人技師団だった。彼らと契約したのは、つまり彼らの直接の雇い主はイギリスの東洋銀行であり、一方、信じられないほど高い彼らの給与は明治政府が払っていた。ちなみに当時の造幣頭の月給が二〇〇円程度のところ、キンドルは一〇四五円もらっていたそうだ。

また外国人技師たちの任免権、すなわちクビにできる権利は日本側にはなかった。彼らは、当時の造幣寮日本人幹部との明瞭でない権限関係の中で、キンドルを中心に君臨し、やりたい放題だったという。加えて、キンドルは高慢で気性が激しく、「サンドル（雷）」と綽名されていた（『明治の技術官僚』）。

日本人の手による造幣を目指す謹助は、当然キンドルと衝突する。だが日本人に尊大な彼に跳ね返され、一旦造幣寮を去って上部機関の大蔵省に移ることになる。そこで大蔵大丞となっ

遠藤謹助
提供：近現代 PL／アフロ

た謹助は、造幣寮改革のための建言を自分の上司であり政府中枢の大蔵卿大隈重信に提出する。彼は東洋銀行との契約廃止、外国人技術者たちの政府による直接雇用、キンドルの免職、造幣寮の日本人職員たちの事業担当と責任の明確化といった、思い切った措置の速やかなる実行を強く訴えたのである。

政府はイギリスとの関係もあり苦慮するが、結局謹助の提言をすべて受け入れる。そこには謹助の前任者だった井上馨も含め、造幣に関係する日本の役人たちのキンドルへの反感が相当強かったことや、次第に日本人技術者が育ちつつある背景があった。かくして明治八年（一八七五年）一月、東洋銀行との契約は解消され、「独裁者」キンドルは解雇された。

今に続く「桜の通り抜け」

謹助はその後も大蔵省にとどまって昇進し、造幣寮から改称された造幣局に、明治一四年（一八八一年）に「造幣局長」として戻ることになる。この時、四六歳。以降彼は日本人だけの手による造幣を目指し、局内に造幣学研究会を創設するなどして、技術の向上、発展に努めた。そして、最後の外国人技術者が造幣局を辞めた明治二二年(一八八九年)一月以降、日本の貨幣はすべて日本人の手で製造できるようになったのである。

謹助はまた、今に続く桜見物の一大風物詩である造幣局の「桜の通り抜け」を提案し、完成させた人である。もともと藤堂藩の大坂屋敷だった造幣局の敷地には桜(八重桜)が多く、それを移し直して大阪市民に開放したのだった。

そんな、風流を愛した謹助は、造幣局を辞したわずか三カ月後の明治二六年(一八九三年)九月一三日、神戸で亡くなった。はやり病だったとされている。享年五八。一番早く逝った長州ファイブだった。

【井上馨】

政界下野後の商才も抜群

闇夜の待ち伏せで体中斬られまくったものの、所郁太郎の畳針による縫合で九死に一生を得た井上馨は、幕末を果敢に戦い抜き、維新後は木戸孝允の引き立てで大蔵省に入り造幣頭になる。明治三年（一八七〇年）に大蔵少輔に、翌明治四年には大蔵大輔《たゆう》となり財政畑を歩んでいく。大輔は今でいうと次官の地位であり、名実ともに馨は大蔵省の責任者となった。と、ここまでは順調に出世を重ねているように見える。

が、彼は二年後の明治六年五月、突然官を辞め民間の人となる。そして明治八年一二月、再び官に復帰する。つまり彼には少しの間、官からの息抜き期間がある。でもなぜ、辞めたのか。岩倉使節団、すなわち伊藤博文、木戸孝允、大久保利通ら明治政府のトップたちが外遊に出かけていた時、井上馨は留守政府を任され国の財政の切り盛りをしていた。その馨のもとに、司法を担当する江藤新平などが裁判所を設置したいと、高額な予算を請求してきたりして、よろず馨と留守政府メンバーとの間には軋轢《あつれき》が絶えなかった。

また、馨自身にも彼らから突っつかれる要素があった。旧南部藩の債権処理に関して、同藩の御用商人から明治政府が官収した尾去沢《おさりざわ》銅山を、馨が知人に安値で売り渡していたのである。まあ、こういうようなことは明治期にはたびたびあったわけだが、結局これで江藤新平らに痛烈に糾弾された馨は、政界に嫌気がさし辞めてしまったのだった。

しかし、この在野の時期が馨の馨たるゆえんで、辞めた理由に商売が絡んでいたように、この間、彼は大変なビジネスセンスを発揮する。現在の三井物産の前身である先収《せんしゆう》会社を設立し、鉱山経営と絹の貿易で大きな収益を上げる。しかし、やはり彼の体内で騒ぐ政治の虫を抑えきれず、外遊から戻ってきた伊藤博文からの強い復帰要請もあって政界に戻る。この時先収会社は解散し、三井物産として新たにスタートする。

ずっと俊輔を支えて

その後明治一二年（一八七九年）九月に外務卿となり、以来、幕末に幕府が外国と結んだ不平等条約の改正に腰を据えて向き合うこととなる。あの鹿鳴館を建てて、当時、いやたぶん今も日本人には似合わない舞踏会を毎晩のように繰り広げた一時代を築いたのは、少しでも早く欧米人優越の条約体制を終わらせたいという、馨の心の底から湧きあがる悔しさからだ。

井上馨　提供：桜堂／アフロ

明治一八年（一八八五年）には第一次伊藤内閣の外務大臣に、明治二五年（一八九二年）には第二次伊藤内閣の内務大臣に、明治三一年（一八九八年）には第三次伊藤内閣の大蔵大臣となり、ずっと伊藤博文と共に明治日本を構築していった。

そして大正四年（一九一五年）九月一日、別邸の静岡市興津で没する。八一歳だった。聞多は俊輔のように総理大臣にはなれなかった。しかし俊輔には、聞多はずっと兄貴分だったに違いない。井上馨、一番年長の長州ファイブだった。

[伊藤博文]

大久保亡き後明治政府のトップに

京から江戸に向かう道すがら、井上馨に誘われて急遽密航に加わり、藩には手紙による事後承諾の形でロンドンに行った伊藤は、しかし、長州ファイブの中では内閣総理大臣という最高位に昇ったメンバーとなった。そんな伊藤は、明治になって新時代に挑むほかのメンバーへの後押しを忘れることはなかった。

幕末を戦い抜き、交渉力に加えて英語力もある伊藤は維新直後、外国事務係として外国人の多い神戸に赴き、すぐに兵庫県知事となって政治畑のスタートを切る。明治二年（一八六九年）には大蔵少輔兼民部少輔に就任し、山尾庸三を民部省に呼び寄せる。また、大蔵大輔の大隈重信と鉄道事業を開始し、鉄道の専門家井上勝を、まず通訳として参加させる。翌明治三年には貨幣や紙幣などの制度や実態を調査するために渡米し、そこで見た最新の造幣技術を大阪造幣寮の遠藤謹助に伝えている。

伊藤はここまででも、仲間の力になれるくらい大きく出世した。そんな彼が、さらに明治政府のトップに躍り出て行った背景には、彼も同行した岩倉使節団が日本に戻ってきた明治六年末以降に始まった、幕末・維新を戦い抜いた大功労者たちの「舞台からの退場」がある。伊藤は、岩倉使節団一行の外遊中、留守政府に台頭していた西郷隆盛らが唱える征韓論に、帰国後猛烈に反対する。

政治路線を巡る明治政府初期の権力闘争だが、結果、西郷は下野し、やがて起こった明治一〇年（一八七七年）の西南戦争で西郷は死ぬ。さらに、共に岩倉使節団の一員だった政府の中枢メンバーで、伊藤が頭の上がらなかった長州の大先輩木戸孝允が西南戦争の最中の同年五月に病没する。加えて明治政府ナンバーワンの大久保利通が明治一一年五月に暗殺されると、もはや伊藤の前にめぼしい大物はいなくなった。

四度、内閣総理大臣に

かくして大久保亡き後、間髪を容れず内務卿という、内閣総理大臣のポストがまだない頃の政治家の最高役職に伊藤博文は就く。そして精力的に動き出すのである。まずは国会開設に備え、憲法制定の準備に取り掛かり、そのために明治一五年（一八八二年）三月、ドイツ、オーストリア、イギリスを始めとした欧州に憲法調査に出かける。

そして明治一八年一二月、創設された内閣制度に基づき、ついにわが国初代の内閣総理大臣となる。続いて明治二二年（一八八九年）二月には大日本帝国憲法が発布され、翌明治二三年、わが国初の国会が開催されたのだった。以後、明治二五年には第二次伊藤内閣が、明治三一年には第三次伊藤内閣、そして明治三三年には第四次伊藤内閣が成立し、伊藤は明治において四度、内閣総理大臣を務めた。

日露の開戦に猛反対

文字通り日本のトップとなった伊藤だったが、長州ファイブの一人として若き頃先進国イギリスをつぶさに見て、また下関戦争でこてんぱんに負けた経験から、欧米列強の底力を骨身にしみて理解していた。ゆえに最後の最後まで伊藤は軍部のように単純にはなれず、日露の開戦には猛反対だった。

伊藤は自らロシアに赴いてまで日露が戦いを避け、提携できないかどうか交渉している。彼には、負ければ日本という国がなくなることが誰よりもよくわかっていた。日露戦争は結果として辛うじて負けなかっただけであって、伊藤の、この国家を思うリーダーとしての責任感は、開戦論一方の当時の日本の風潮の中にあって浮いていたものの、さすがである。

後に初代韓国統監となった伊藤は明治四二年（一九〇九年）一〇月、中国のハルピン駅で暗殺される。六九歳だった。もし、伊藤が井上馨のように八〇代ぐらいまで生きていたら、軍部に睨《にら》みを利かし続け、日本はあのような戦争国家に突入していかなかったのではないかと、いろいろ想像させられる。

しかし彼は非業の死を遂げてしまった。桂小五郎にこき使われていた頃の俊輔には、この終わり方が予測できただろうか。足軽から内閣総理大臣へ。一番上に立って明治日本を引っ張った長州ファイブだった。

［井上勝］

食うに困る？

では、井上勝の続きである。勝は、鉄道庁長官という官の職から去っただけであって、鉄道という仕事を辞めたわけではなかった。勝の鉄道への情熱は、そんないい加減なものではなかったのである。

「自分の生命は鉄道をもって始り、鉄道をもって老い鉄道をもって終る」

こんなことを勝は口癖にしていたと『井上勝伝』にはある。そんな勝は鉄道庁長官を辞めた直後、請われて少しの間二、三の私鉄会社の顧問をした。鉄道国有論者の勝が私鉄の顧問になるというのは、彼の信条の正反対の行為である。さては鉄道庁長官を辞めて早速食うに困ったか、とも勘ぐってしまいそうだが、まったく違う。勝としては顧問を頼まれたのを機に私鉄の中に入り、営利を追求するだけではない公益事業としての私鉄の、一つの模範を創りたかったものと考えられる。

だが、前鉄道庁長官という勝の肩書きを利用して業績を伸ばそうと目論んだ私鉄会社経営陣と勝の認識のずれは、当然ながら大きかった。勝の私鉄顧問が長続きしなかったのはいうまでもない。

蒸気機関車を造る

ところで井上勝は、当時の日本の鉄道の営業距離が官営と私鉄を合わせて約二〇〇〇マイル（約三二一八キロメートル）に達することを知っていた。これら日本の鉄道は、今後その営業距離をますます延ばすことは確実だった。その反面、機関車や客車など車両が圧倒的に不足することは目に見えており、そのことが輸送力の停滞をもたらすことを、勝は常々懸念していた。

その頃、日本では機関車を製造するにあたっては、まず機関車の材料や各部パーツを輸入し、それを国内で組み立てるという形であり、まだまだ一から全部国産で製造するわけにはとてもいかなかった。しかも、その輸入したパーツの組み立ても国内では二、三の会社しかできなかった。要するに日本の鉄道はずっと外国頼みが続いていたのである。

この現状を変えようと、勝は大きく動き出す。彼は何とかして日本に汽車を製造する、いや機関車や客車ばかりではなく、線路や橋梁の主要部品までも生産できる工場を建設しようと、出資者を募って走り回った。

その結果、総額六九万円という資本を得て、予想より早く明治二九年（一八九六年）九月、わが国初の蒸気機関車を造る汽車製造合資会社を井上勝は設立した。出資者には前田家や蜂須賀家、それに元藩主の毛利家など旧大名や、渋沢栄一、岩崎弥之助などが名を連ねた。同社の工場は大阪府西成郡に得た広大な用地に建てられ、いよいよ国産機関車の製造を開始したのである。

盟友伊藤の死

勝は汽車製造合資会社の社長として、その「鉄道人生第二幕」を懸命になって働いた。設立当初こそ苦戦したものの、やがて順調に機関車の注文が増え、会社は業績を伸ばしていく。加えて日露戦争の勃発による軍需景気は、勝の会社をさらに発展させることになる。

そんな中、明治三九年（一九〇六年）三月、ついに鉄道国有法が帝国議会で成立する。勝の念願であり、またそれを議会で主張したがゆえに鉄道庁長官を辞めることとなった日本の幹線鉄道の国有化が、ついに実現の運びとなったのである。日露戦争がもたらした国防意識、すなわち外国人の鉄道経営参入を防ぐといった考えの台頭、それに基づく増え過ぎた鉄道事業体の整理・再編の必要性等々。

勝が官を去ってから一三年の間に、新たに噴出してきた鉄道を取り巻くこれら様々な要因が、鉄道を国有化の方向へ導いていったのは間違いない。しかも、鉄道国有法制定以降は、新しく製造する機関車や客車は極力国産とすることとされたため、汽車製造合資会社には嬉しい追い風となった。

そんな、好調な事業に意気軒高な勝の耳に突然飛び込んできたのは、伊藤暗殺の知らせだった。安政三年（一八五六年）、相州で会って以来、勝にとって伊藤は長州ファイブの仲間の中で特別な存在だった。伊藤の引きがなかったら、通訳として鉄道の仕事には参加できなかっただろう。鉄道寮の大阪移転問題で庸三と大喧嘩した時も、東西両京線を中山道から東海道線に変更した時も、伊藤はちゃんと勝を立てて、すべてを勝のいう通りにしてくれた。鉄道国有化問題で各方面から大批判された時も、結果的には勝をかばいきれなかったが、しかし、最大限の手を尽くしてくれた。

『井上勝伝』によれば、「畏敬する終生の友」を突然失った悲しみは、「泣いたことのない勝を泣きに泣かせた」のだった。伊藤の遺体は軍艦秋津洲《あきつしま》で運ばれ横須賀に着いたが、勝は「東京で博文遭難の報に接して以来、その遺骸を迎えるまで何事も手につかなかった」という。

「帝国鉄道協会」会長井上勝

それでも勝は前に進みだす。その頃、「帝国鉄道協会」という鉄道会社の代表者たちによる組織があった。その目的は、鉄道事業の発展に向け、技術上の問題や鉄道の公益性などについて研究し合おうというものだった。で、勝は明治四二年（一九〇九年）四月よりこの協会の会長（三代目）も務めていた。長く官にあって日本の鉄道事業を一から指揮し、そして今は汽車を造る会社を軌道に乗せている井上勝という鉄道のパイオニアに、人々が敬意をこめて贈った名誉職ともいうべきものだった。

この、帝国鉄道協会会長の井上勝に、わが国の鉄道の将来のために、ヨーロッパに行って鉄道の現状を視察してきてもらえませんかと、鉄道院の初代総裁後藤新平が声をかけてきた。鉄道院は、鉄道寮から鉄道局、そして鉄道庁へと歩んできたわが国の政府機関のさらなる発展形である。

後藤新平といえば、前述の、尾去沢銅山を知人に安値で売り渡した件で井上馨を激しく追及し、また西南戦争に先立つ佐賀の乱を起こした江藤新平と名前が似ているのでしばしば混同されるが、両者は全然違う。後藤新平は台湾総督府民政長官、南満州鉄道（満鉄）初代総裁、外務大臣、東京市市長、内務大臣などを歴任した日本の官僚、そして政治家の大物である。後藤は台湾総督府民政長官を務めあげたのち、明治四一年一二月に設置されたこの新たな鉄道院の総裁に就いていた。

その後藤が井上勝にヨーロッパ鉄道視察の旅を要請してきたのである。後藤は、ついては勝に鉄道院顧問の肩書きを与えるという。だからまあ、形式として勝はまた官に「復帰」するということになる。

青春の地へ

もとより勝に異存はなく、この鉄道視察の任務を承諾する。だがそれは、ある決意があってのことだった。もしかしたら、この旅が命取りになるかもしれない、と。勝は、以前からだいぶ腎臓が悪かった。若き日には「ノムラン」と呼ばれたほど、酒豪で陽気だった。が、腎臓を悪くしてからすっかり酒は飲まなくなっていた。役目柄、宴席やパーティーは多かった。けれども勝は盃やグラスを一切口にしなかった。家族は当然、勝のヨーロッパ行に反対した。何よりも家族が一番わかっている事柄だから。

しかし、勝は予定通り出発した。明治四三年（一九一〇年）五月八日、若い随行員一人を連れて東京から汽車に乗り、長崎に向かった。長崎からは船で大連に入った。この大連で列車の都合により一日のゆとりができたので、勝はホテルで「万一の日に処する訓誡《くんかい》」（「子爵井上勝君小伝」）、を手紙にしたためて家人に送った。つまり遺書を書いた。

大連からは南満州鉄道、東清鉄道、そしてシベリア鉄道、露国鉄道を約ひと月かけて乗り継ぎ、ヨーロッパに向かった。病を抱えた勝には肉体的にはきつい鉄道旅だったろう。だが、文久三年（一八六三年）の密航時には、大揺れのクリッパーに乗り、下っ端船員としてこき使われながら、四カ月もかけてロンドンにたどり着いたのだ。

それに比べれば遥かにましである。なんといっても今回は船ではなく、勝が生涯をかけた鉄道で向かっているのだ。そのシベリア鉄道も一九〇二年（明治三五年）に完成したばかりである。ヨーロッパへ、極東から鉄道で行くことができるようになった時代の風景を、勝は南満州鉄道やシベリア鉄道の車窓からどんな思いで眺めていたのだろうか。

勝、ついに逝く

バルト海を船で渡り、ロンドンに着いたのは六月一三日だった。勝はまず横浜正金銀行のロンドン支店に向かった。同行の支店長が勝たちのホテルを手配することになっていたのだ。そこを勝が訪れた時のことである。同行の行員が、ひどくやつれたみすぼらしい日本の田舎風の爺《じい》さんが支店長に会いたいといっていると取り次いできた。で、支店長がどんな爺さんであろうと日本人なら会わないわけにはいかないと、応接室に行ってみると、そこには極めて質素な服装の、一見して病人とわかる老人が一人の青年を従えて待っていた。青年はトランク一つ持っているだけだった。その老人が日本の鉄道を一から建設した子爵井上勝だと知るに及んで、支店長は大変驚いたという（『井上勝伝』）。

もう、誰が見ても勝はぼろぼろの状態だったことがわかる。支店長が手配してくれたホテルに旅装をとくと、勝はすぐにあるところに向かった。あの、思い出がいっぱい詰まった、五年間暮らした「ロンドンのわが家」、ウィリアムソン教授の邸宅だった。あの頃、この家で一緒に暮らした遠藤謹助、伊藤俊輔はもういない。勝だけになってしまった。時が過ぎて行ったのだ。

そして、そのウィリアムソン教授も、すでに世を去っていた。勝は、もしかしたら、という懸念はあっただろうが、実際にここに来るまでそのことを知らなかったと考えられる。だが、懐かしい声が、勝の気持ちを悲しみにくれさせなかった。

「おお、ミスター・野村！　ミスター・野村！　こんなにお爺さんになってしまって！」

『井上勝伝』には、喜びにふるえる声でキャサリン夫人が叫んだとある。伝記だから、脚色だらけだろうし、そもそもこの二人の会話を誰が聞いていたのか、誰の目撃譚《たん》が引用されたのか、そのあたりはよくわからない。でも、キャサリン夫人がこう叫んだのは、たぶん本当だったのではないか。二人とも四十数年ぶりだったのだから。懐かしく、互いの変わりようがなんともおかしく、とても素敵な再会だったのは間違いない。

が、キャサリン夫人は勝の顔色がよくないことにすぐに気がついた。心配する夫人に勝は大丈夫だという。それでも数日後、勝の滞在するホテルにキャサリン夫人は知り合いの医者を連れて訪れた。そこで勝が診てもらったところ、だいぶ悪くホテルでしばらく安静にしているほうがいいと医者はいう。

しかし、勝はそのままフランス、ドイツ、イタリア、スペイン、ポルトガルなど、一カ月ほど交通機関を調査して回り、七月下旬の暑い盛りにロンドンに戻ってくると、もう駄目である。発熱、体を起こすことも困難になり、勝はキャサリン夫人たちの世話によってロンドンのヘンリッタ病院に入院する。そして明治四三年（一九一〇年）八月二日、息を引き取ったのだった。

なぜ、ロンドンへ？

勝の仮葬儀はキャサリン夫人や在留邦人の手でロンドン北部の町ゴールダーズ・グリーンの火葬場で行われ、遺体は荼毘《だび》に付された。現在、ゴールダーズ・グリーンは日本人が多く住む町として知られている。火葬場は今もある。勝の遺骨は汽船で日本に運ばれ、九月二五日、品川の東海寺で本葬が営まれた。その東海寺の、本物語の第一章で訪ねた大山墓地で、井上勝は眠っている。

ここからは想像である。勝は、ロンドンへ死にに行ったのだと思う。誰でも自分の体のことは自分が一番よく知っている。もういくらも生きられないことは、彼にはわかっていたはずだ。それにもかかわらず、ヨーロッパへの鉄道視察を承諾した。いや違う。いくばくも生きられないことを知っていたからこそ、引き受けた。だから遺書も書いた。

若かった自分が奮闘し、鉄道という一生の仕事を見いだし、運命が始動したこの青春の地ロンドンで、生涯も終えたかった。それは、井上勝という一途な男の、ダンディズム（美学）だった。享年六八。一番年下の長州ファイブだった。

井上勝
提供：近現代 PL／アフロ

あとがき

以上、長州ファイブの物語を述べてきたわけだが、今さらながらに考える。幕府の許可なき海外渡航は固く禁じられていた時代、我も我もと自藩にねじ込んで五人はよくロンドンへ渡ったものだと。欧州はどんなところかをその目で確かめるために。日本にはない新しい知識を、技術を吸収するために。彼らの真摯な情熱、強烈な知の欲求には敬意を表さないではいられない。

五人は、ある意味楽天的だったのではないかとさえ想像する。後年著された五人のうちの何人かの伝記や日記の類には、この渡航が失敗するのではないかとか、首尾よく向こうに渡ったとしても学業の成果がうまくあがるだろうかといった、不安面に関する記述はほとんど見られない。

まあ、得てして著名人の伝記は、その人物に心酔する伝記作者のお追従《ついしょう》が入ったりするものだし、また本人が書いた日記にしたところで、江戸時代の学者や明治の元勲などのものにしばしば見られるように、後日人に見られることを前提に恰好つけて書かれていることが珍しくない。ゆえにそれらにいかほどの真実が語られているのかは、疑問である。

だが、少なくとも長州ファイブのメンバーは、いずれも楽天的な精神の持ち主だったからこそ、あのような偉業を達成できたのだと筆者は信じる。自分たちは、必ず「人の器械」になる、いやそんな言葉で収まる範疇ではなく、各自がイギリスで学んだ技術と知識を持ち帰って日本にその産業領域を創生し、それぞれの分野での指導者、リーダーになるとの信念に溢れていた。だからこそ乗り切れた。

強運もあった。往復の厳しい航海で遭難することもなく、また食事はもとより、様々な生活面での環境が根本から違う江戸時代末期の日本から来た彼らが、イギリスでの滞在中、病気や事故で誰一人命を落とさなかったのは、いくら鍛錬を積んでいた武士だからとはいえ、奇跡に近い。天の加護めいたものをも味方にしないと、新しい歴史は生まれないということだろう。

それにしてもわが国は、やはり人々が意識して海を越え外に出て、外国の知識や技術、つまり進んだ文化を持ち帰ってこなければ発展はあり得なかったのだと感じる。あの遣唐使は、舒《じょ》明《めい》二年（六三〇年）、犬上御田鍬《いぬがみのみたすき》を大使として唐に初めて派遣されて以来、寛平《かんぴょう》六年（八九四年）、菅原道真《すがわらのみちざね》によって廃止されるまで二〇〇年以上にわたり、一六回に及ぶ派遣がなされた。その都度、遣唐船には大陸の優れた文化を吸収するため、選ばれた日本の最高頭脳たちが乗り込んだ。この遣唐船で唐に向かった彼らの日本への帰還率は、派遣された全期間を概算して約六割程度だったという。

つまり、四割もの極めて優秀な人材を、海の藻屑《もくず》にしたり大陸の疫病や事故で失ったりしてまで、日本は先端知識の吸収に努めた。孤立した島国である日本が生き残り、発展を継続していくためには、積極的に外に学びに行くしかない。これは遣唐船を派遣した時代も、それから一〇〇〇年ほど経って長州ファイブが密航していった幕末も、そしてさすがに船ではなく飛行機で行く現代でも、何ら変わりがない。

彼ら長州ファイブが成し得たことは、外から知識を積極的に摂取し繁栄するという、われわれ日本人が遠い過去から連綿と続けてきた活動の延長上にあった。この姿勢は、四方を海に囲まれぼうっとしていては何も新しいものが入ってこない島国に住むわれわれの本能といってもいい。

ところで、今、世界は新型コロナウィルスによるすさまじい感染症大爆発の真《ま》っ只中《ただなか》にある。

まったく新しいタイプのウィルスだけに今のところ有効なワクチンも治療薬もないまま、世界の人々は感染が拡大し始めたこの二月以来、ひたすらうつる危険が高い密集を避け家に閉じこもっている。日本はもちろん、各国の主要都市には人影が見られず、世界中の空港には運航を止めた旅客機が駐機場にただただ大量に並んでいるという、見たこともない異様な光景が広がっている。

遠い時代はともかく二一世紀の今、こんな大規模な感染症の危機に直面するのは誰もがまったく初めてであり、人生のキャリアを積んだ年配者からアドバイスをもらうことすらできない。今後このウィルスがどうなっていくのか、まだまだ拡大するのか、それとも終息に向かい今年中には何とかなるのか。いや、一旦は収まっても、過去に人々が苦しんだように新たな第二、第三の波がやってきて、完全に収まるまでには何年もかかるのか。感染症の専門家でも、今は答えを出せていない。というか、みな勝手なことを喋っている。

一ついえるのは、こういうひどい経験をしてしまったわれわれの社会は、多かれ少なかれ変わらざるを得ないということだ。新型コロナ後は、世の中は確実に内向きになる。仕方がない。また下手に外国に行って、さらにタチの悪いウィルスに感染してはたまらないし、自国第一主義的傾向が高まった各国が、外国人を排斥しがちになる可能性は否めない。以前みたいに気軽に「グローバル化」と叫ぶことを、人々は躊躇するかもしれない。この新型コロナウィルスの惨禍は、人々が世界を縦横に移動できるグローバル化がもたらした一つの結果でもあるからだ。これからの世界は間違いなく変わる。

それでも、私たち日本人はいつまでも内にとどまっていてはいけない。この危機は、いずれ必ず終わる。前述の如く、日本人は外から進んだものを摂取し、社会を構築し、発展させてきた。こうした世界に出る気概を私たちは引き継ぎ、絶えず更新していかなければ、この島国の安定的繁栄と未来はない。

その意味で、幕末に密航で日本を飛び出し、わが国に近代をもたらした井上馨、伊藤博文、山尾庸三、遠藤謹助、井上勝《まさる》たち長州ファイブの眼を見張るチャレンジ精神は、再びグローバルに目を向けるであろう、いや目を向けなければならないコロナ禍後の私たち日本人に、立ち上がる元気を与えてくれるものと信じる。

そう、本稿を書き終えたところで、まったく予期していなかった新型コロナウィルスのパンデミックに遭遇し、その中で本書を世に出せたことはよかったと強く思う。この感染症の終息後、改めて世界に出るわれわれ日本人のエネルギーの一つに、本書がなってくれるのならこんな嬉しいことはない。

最後に、本書の出版に尽力してくださった集英社新書編集部の西潟龍彦さん、金井田亜希さん、吉田隆之介さんに心より御礼申し上げる。御三方の抜群のチームワークなしでは、この本は生まれなかったことをここに記したい。また、毎回筆者の原稿の最初の読者になってくれる鋭い批評者の妻にお礼をいいたい。とかく独りよがりになりがちな筆者の文章が読むに堪えられる状態になるのは、妻のおかげでもある。そして、パソコンを叩く筆者の足元で、いつも気持ちよさそうに眠るわが活力の泉、ミニチュアダックスフントのナナ、ありがとう！

二〇二〇年（令和二年）九月九日

桜井俊彰

長州ファイブ年譜

＊日本での出来事は、歴史書等わが国の一般的な記述に則り明治六年（一八七三年）の西暦採用まで和暦で表示。ロンドンにおける出来事は西暦で記す。

—日本での出来事（和暦）—

天保六年（一八三五）	一一月二八日（西暦一八三六年一月一六日）、井上馨、周防国吉敷郡湯田村字高田（山口市湯田温泉）に井上五郎三郎光亨の次男として生まれる。
天保七年（一八三六）	二月一五日、遠藤謹助、萩城下町の五〇四石取り上級藩士遠藤家に生まれる。
天保八年（一八三七）	一〇月八日、山尾庸三、周防国吉敷郡二島村（山口市秋穂二島）長浜に山尾忠治郎の三男として生まれる。
天保一二年（一八四一）	九月二日、伊藤博文、周防国熊毛郡束荷村（山口県光市）の農家に生まれる。幼名は林利助。
天保一四年（一八四三）	八月一日、井上勝、長門国土原村浜坊筋（萩市土原）に長州藩士井上与四郎勝行の三男として生まれる。
弘化五年／嘉永元年（一八四八）	勝、野村家の養子となり野村弥吉と名を改める。
嘉永七年／安政元年（一八五四）	林利助、足軽である伊藤家の養子となり、名を伊藤利助と改める。
安政二年（一八五五）	一月、馨、志道家の養子となる。 勝、実父勝行に連れられ相州に赴く。 一〇月、馨、江戸に行き藩校有備館で学ぶと共に練兵館で剣の修行に励む。
安政三年（一八五六）	勝、相州で伊藤と出会う。 六月、庸三、江戸に行き練兵館に入門。桂小五郎（木戸孝允）と出会う。
安政四年（一八五七）	伊藤、来原良蔵の紹介で松下村塾に入門。
安政五年（一八五八）	勝と俊輔、長崎で再会する。
安政七年／万延元年（一八六〇）	三月、馨、藩主の小姓役となり聞多の名をもらう。 八月、勝、箱館に行き武田斐三郎の諸術調所で学ぶ。
万延二年／文久元年（一八六一）	四月、庸三、幕府が造った洋式帆船「亀田丸」でロシア沿海州へ行く。
文久二年（一八六二）	八月一五日、アーネスト・サトウ、英国公使館付きの通訳生として横浜に着く。九月、謹助と馨、藩の蒸気船「壬戌丸」の乗組員となる。

文久二年（一八六二）	一二月、馨、庸三、俊輔の三人、品川御殿山に建設中の英国公使館焼き討ちメンバーに加わる。
文久三年（一八六三）	勝が藩の木製帆船「癸亥丸」の船長に、庸三が測量方に任命される。 五月、勝、庸三、俊輔、馨、謹助の五人、チェルスウィック号で密かに横浜港を発ち、上海に向かう。

—ロンドンでの出来事（西暦）—

一八六三（文久三年）	七月下旬（文久三年六月）、上海から馨と俊輔はクリッパーであるペガサスで、勝、庸三、謹助はホワイト・アッダーでロンドンに向かう。 一〇月末〜一一月初頭、勝、庸三、謹助と、馨、俊輔を乗せた二隻の船が順にロンドン着。勝と俊輔、謹助はウィリアムソン教授宅で、馨と庸三はクーパー邸で暮らし始める。 一一月、UCLに五人が入学、勉学を開始。
一八六四（文久四年／元治元年）	一月、五人がイングランド銀行を見学。ヒュー・マセソンが薩英戦争など日本の緊迫した情勢を伝える。 二月、馨が『タイムズ』で下関の砲台と町が外国艦隊に砲撃されたことを知る（第一次下関戦争）。 四月、馨と俊輔、ロンドンを発ち日本へ向かう。

—日本での出来事（和暦）—

文久四年／元治元年（一八六四）	六月一〇日（西暦一八六四年七月一三日）頃、馨と俊輔、横浜着。自藩に外国艦隊への砲撃中止を説得しに、アーネスト・サトウと共に英軍艦バロッサに乗り長州へ。 七月一九日、禁門の変で長州が敗北。 八月八日、下関戦争（第二次）で長州が敗北。外国艦隊との講和交渉の通訳として、俊輔がアーネスト・サトウの乗った英軍艦ユーリアラスに乗り込む。 九月二五日、馨、待ち伏せされ重傷を負う。

—ロンドンでの出来事（西暦）—

一八六五（元治二年／慶応元年）	六月二一日（慶応元年五月二八日）、薩摩藩留学生一九名、ロンドン着。 七月二日、勝、庸三、謹助の三人、薩摩藩留学生の宿舎を訪ねる。日本より一足早いロンドンにおける薩長の融合。
一八六六（慶応二年）	一月、謹助、体調を崩し帰国する。 秋、庸三、薩摩藩留学生の援助を得て造船を学びにグラスゴーに向かう。
一八六七（慶応三年）	一一月、勝、桂小五郎から早急の帰国を促す手紙を受け取るも、まだ勉学の途中につき、この時帰る意思なし。
一八六八（慶応四年／明治元年）	九月、勝、UCLでの勉学を終え、大学から修了証書を授与される。グラスゴーの庸三とも連絡を取り合い、二人で帰国の途につく。

—日本での出来事（和暦）—

慶応四年／明治元年（一八六八）	伊藤、兵庫県知事となる。 一一月一七日（西暦一八六八年一二月三〇日）、勝と庸三、横浜港に着く。
明治二年（一八六九）	八月、伊藤、大蔵少輔兼民部少輔となる。この前後に名を俊輔から博文と改める。勝、この頃伊藤の屋敷に住んで伊藤や大隈重信が進める鉄道事業の通訳をする。 八月、馨、造幣頭に任じられる。
明治三年（一八七〇）	四月、庸三、民部省に入り、横須賀製鉄所事務取扱に任じられる。 閏一〇月、伊藤、貨幣や紙幣の制度・実態の調査にアメリカへ行く。庸三、自らが設置を主張した工部省が創設され、同省に移る。勝、工部権大丞兼鉱山正となる。 一一月、馨、大蔵少輔となり、馨に呼ばれた謹助が造幣権頭となる。
明治四年（一八七一）	七月、馨、大蔵大輔となる。 八月、勝、鉱山頭兼鉄道頭となる。 九月、庸三、盲啞学校設立の意見書を政府に提出。 一一月、伊藤、岩倉使節団の一員として欧米視察に出発。
明治五年（一八七二）	七月、勝、鉱山頭を免ぜられ鉄道頭専任となる。 九月一二日、勝、東京—横浜間の鉄道を開通させる。

—日本での出来事（西暦の採用により西暦）—

一八七三（明治六年）	五月、馨、大蔵大輔を辞め官を去る。 七月、勝、庸三と衝突し鉄道頭を辞める。 九月、伊藤、欧米視察より帰国。西郷らが唱える征韓論に猛反対する。 冬、馨、先収会社設立。
一八七四（明治七年）	一月、勝、伊藤に強く望まれ鉄道頭に復帰。 七月、謹助、お雇い外国人キンドルと衝突し造幣寮を一旦去る。 八月、謹助、造幣寮改革のための提言を政府中枢に提出する。
一八七五（明治八年）	一二月、馨、元老院議官となって政界に復帰。
一八七七（明治一〇年）	一月、勝、鉄道局長となる。
一八七八（明治一一年）	四月、庸三が誕生させた工学寮が工部大学として開校。 五月、伊藤、内務卿（大臣）となる。
一八七九（明治一二年）	九月、馨、外務卿となる。
一八八〇（明治一三年）	一月、庸三、盲啞教育施設である楽善会訓盲院を開設させる。 二月、庸三、工部卿となる。

一八八〇（明治一三年）	七月、逢坂山トンネル工事を含む大津線の全線が、日本人の手で完成。
一八八一（明治一四年）	一一月、謹助は造幣局長となって戻る。 勝、日本鉄道会社が敷設を計画する東京―青森間の監督を兼ねる。
一八八二（明治一五年）	三月、伊藤、憲法調査のため欧州へ。 七月、庸三、工学会の会長に選ばれる
一八八三（明治一六年）	四月、謹助が提案・主導した造幣局の「桜の通り抜け」が実施される。 一一月、馨が主導して鹿鳴館を建てる。
一八八五（明治一八年）	一二月、伊藤、わが国初の内閣総理大臣になる（第一次伊藤内閣）。同内閣の外務大臣に馨が、法制局長官に庸三がなる。
一八八六（明治一九年）	七月、勝、東西両京線を中山道から東海道へ変更する。
一八八九（明治二二年）	二月、大日本帝国憲法発布。 七月、東海道線（東京―神戸間）全通。
一八九〇（明治二三年）	九月、勝、鉄道庁長官となる。
一八九一（明治二四年）	一月、小岩井農場が開設される。
一八九二（明治二五年）	八月、第二次伊藤内閣。馨、内務大臣となる。
一八九三（明治二六年）	三月、勝、鉄道庁長官を辞す。 六月、謹助、造幣局を辞す。 九月一三日、謹助、病により神戸で没する。享年五八。
一八九六（明治二九年）	九月、勝、大阪に汽車製造合資会社を設立する。
一八九八（明治三一年）	一月、第三次伊藤内閣。馨、大蔵大臣となる。
一九〇〇（明治三三年）	一〇月、第四次伊藤内閣。
一九〇五（明治三八年）	一二月、伊藤、初代韓国統監となる。
一九〇九（明治四二年）	四月、勝、帝国鉄道協会会長に就任。 一〇月二六日、伊藤、中国ハルピン駅において銃で撃たれて亡くなる。享年六九。
一九一〇（明治四三年）	三月、勝、鉄道院初代総裁の後藤新平に要請され、鉄道院顧問に就任。 五月、勝、鉄道院顧問として欧州鉄道視察の旅に病を押して出発。 八月二日、勝、ロンドンで客死する。享年六八。
一九一五（大正四年）	九月一日、馨、興津（静岡市）の別邸で没する。享年八一。 一一月、庸三、設立された日本聾唖協会の総裁となる。
一九一七（大正六年）	一二月二一日、庸三、病により東京で没する。享年八一。

主な参考文献等

有賀貞、大下尚一、志邨晃佑、平野孝編『世界歴史大系　アメリカ史1―17世紀～1887年―』山川出版社　一九九四年
伊藤之雄『伊藤博文　近代日本を創った男』講談社学術文庫　二〇一五年
犬塚孝明『薩摩藩英国留学生』中公新書　一九七四年
犬塚孝明『密航留学生たちの明治維新　井上馨と幕末藩士』NHKブックス　二〇〇一年
井上馨侯伝記編纂会編『世外井上公伝』第一巻　内外書籍　一九三三―一九三四年。国立国会図書館デジタルコレクション〈http://dl.ndl.go.jp/info:ndljp/pid/1875096〉(accessed 19th Sep. 2019)
上田廣『鐵道事始め―井上勝伝』井上勝伝復刻委員会　一九九三年
老川慶喜『日本鉄道史　幕末・明治篇』中公新書　二〇一四年
老川慶喜『井上　勝―職掌は唯クロカネの道作に候』ミネルヴァ書房　二〇一三年
柏原宏紀『明治の技術官僚』中公新書　二〇一八年
貴堂嘉之『南北戦争の時代　19世紀　シリーズ　アメリカ合衆国史②』岩波新書　二〇一九年
国際ニュース事典出版委員会、毎日コミュニケーションズ編『国際ニュース事典　外国新聞に見る日本』第一巻　1852―1873　本編　毎日コミュニケーションズ　一九八九年
国際ニュース事典出版委員会、毎日コミュニケーションズ編『国際ニュース事典　外国新聞に見る日本』第一巻　1852―1873　原文編　毎日コミュニケーションズ　一九八九年

春畝公追頌会編『伊藤博文伝』上巻　明治百年史叢書　原書房　一九七〇年
月刊タウン情報YAMAGUCHI編集部『長州ファイブ―近代日本の発展の礎を築いた5人の若者たち。』ザメディアジョン　二〇〇六年
武田久吉『尾瀬と鬼怒沼』平凡社ライブラリー　一九九六年
東野治之『遣唐使』岩波新書　二〇〇七年
萩原延壽『旅立ち　遠い崖―アーネスト・サトウ日記抄』1　朝日新聞社　一九九八年
村井正利撰「子爵井上勝君小伝」野田正穂・原田勝正・青木栄一編『明治期鉄道史資料　第2集　地方鉄道史　第7巻　鉄道家伝（3）』日本経済評論社　一九八一年
アーネスト・サトウ、坂田精一訳『一外交官の見た明治維新』上・下　岩波文庫　一九六〇年
G・M・トレヴェリアン、大野真弓監訳『イギリス史』3　みすず書房　一九七五年
ローレンス・オリファント、岡田章雄訳『エルギン卿遣日使節録』雄松堂書店　一九六八年

Harte, Negley and North, John, *The World of UCL 1828-1990* (University College London, 1991)
McIlwain, John, *CUTTY SARK* (Pitkin Pictorials, 1994)
Cohen, Daniel, *The Encyclopedia of Ghosts* (Michael O'Mara Books Ltd, 1994)
Royal Naval Museum Trading Company, *HMS VICTORY* (Sutton, 1994)

A.Williamson 1855 〈http://www.chem.ucl.ac.uk/resources/history/chemhistucl/hist10.html〉

Williamson Papers 〈https://archives.ucl.ac.uk/CalmView/Record.aspx?src=CalmView.Catalog&id=MS+ADD+356&pos=4〉（accessed 25th Oct. 2019）

Bentham and UCL 〈https://www.ucl.ac.uk/bentham-project/who-was-jeremy-bentham/bentham-and-ucl〉（accessed 7th Oct. 2019）

UCL celebrates 150th anniversary of Japan's Choshu Five 〈https://www.ucl.ac.uk/news/2013/jul/ucl-celebrates-150th-anniversary-japans-choshu-five〉（accessed 28th Aug. 2019）

About UCL : Who we are 〈https://www.ucl.ac.uk/about/who〉（accessed 11th Oct. 2019）

桜井俊彰（さくらい　としあき）

一九五二年、東京都生まれ。歴史家、エッセイスト。一九七五年、國學院大學文学部史学科卒業。一九九七年、ロンドン大学、ユニバシティ・カレッジ・ロンドン（UCL）史学科大学院中世学専攻修士課程（M.A. in Medieval Studies）修了。主な著書に『物語　ウェールズ抗戦史　ケルトの民とアーサー王伝説』『消えたイングランド王国』『イングランド王国と闘った男』『英国中世ブンガク入門』『英語は40歳を過ぎてから』など。

長州《ちょうしゅう》ファイブ　サムライたちの倫敦《ロンドン》

二〇二〇年一〇月二一日　第一刷発行　集英社新書一〇三九D

著者……桜《さくら》井《い》俊彰《としあき》

発行者……樋口尚也

発行所……株式会社集英社

東京都千代田区一ツ橋二-五-一〇　郵便番号一〇一-八〇五〇

電話　〇三-三二三〇-六三九一（編集部）

〇三-三二三〇-六〇八〇（読者係）

〇三-三二三〇-六三九三（販売部）書店専用

装幀……原　研哉

印刷所……凸版印刷株式会社

製本所……株式会社ブックアート

定価はカバーに表示してあります。

ISBN 978-4-08-721139-9 C0221

a pilot of wisdom

a pilot of wisdom

集英社新書　好評既刊

変われ！東京　自由で、ゆるくて、閉じない都市
隈　研吾／清野由美　1028-B
コロナ後の東京はどう変わるのか。都市生活者に「小さな場所」という新たな可能性を提示する。

「生存競争《サバイバル》」教育への反抗
神代健彦　1029-E
低迷する日本経済を教育で挽回しようとする日本の教育政策への、教育学からの反抗。確かな希望の書！

谷崎潤一郎　性慾と文学
千葉俊二　1030-F
谷崎研究の第一人者が作品を詳細に検証。魅惑的な女性の美しさを描き続けた作家の人生観に迫る。

英米文学者と読む「約束のネバーランド」
戸田　慧　1031-F
気鋭の研究者が大ヒット漫画を文学や宗教から分析。大人気作品の考察本にして英米文学・文化の入門書。

全体主義の克服
マルクス・ガブリエル／中島隆博　1032-C
世界は新たな全体主義に巻き込まれつつある。その現象を哲学的に分析し、克服の道を示す画期的な対談！

東京裏返し　社会学的街歩きガイド
吉見俊哉　1033-B
周縁化されてきた都心北部はいま中心へと「裏返し」されようとしている。マップと共に都市の記憶を辿る。

人に寄り添う防災
片田敏孝　1034-B
私たちは災害とどう向き合うべきなのか。様々な事例や議論を基に、「命を守るための指針」を提言する。

人新世の「資本論」
斎藤幸平　1035-A
資本主義が地球環境を破壊しつくす「人新世」の時代。気鋭の経済思想家が描く、危機の時代の処方箋！

国対委員長
辻元清美　1036-A
史上初の野党第一党の女性国対委員長となった著者が国会運営のシステムと政治の舞台裏を明かす。

プロパガンダ戦争　分断される世界とメディア
内藤正典　1037-B
権力によるプロパガンダは巧妙化し、世界は分断の局面にある。激動の時代におけるリテラシーの提言書。

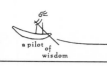